消失在索穆河
的士兵

THE
MISSING
OF
THE
SOMME

傑夫・代爾 Geoff Dyer｜著 馮奕達｜譯

目次

圖片列表

「記住：不遺落些什麼，

過去就成不了回憶；

它肯定有屬於自己的未來。」

——約瑟夫・布羅茨基（Joseph Brodsky）

○

「假設性偶然的萬花筒……」

——一九三一年，T・H・托馬斯（T.H. Thomas）對李德哈特

（Basil Liddell Hart）《真實戰爭》（*The Real War*）的評論

小時候，祖父會帶我去自然歷史博物館。我們看動物、爬蟲類和鯊魚，不過最令我印象深刻的是裝在玻璃箱內、一條條參差不齊的蝴蝶標本隊伍。用來展示每個品種名的小卡片上，有著一絲不苟的記錄筆跡。

　　一排接著一排，好像亮麗又整齊的勳章。

給台灣讀者的年代筆記

我生於一九五八年，曾經和第一次世界大戰有過直接的接觸，那是非常親密且令人印象深刻的經驗。我記得小時候去朋友蓋瑞·杭特家玩，他的祖父會脫下褲子讓我們看一戰在他身上留下的彈片傷口。我推測當時的他大約七十歲，而我應該是十歲左右。姑且假設這些彈片欣賞會發生在一九六八年好了。請停下來想想。那是停戰日的五十年後。當時和一戰結束的時間距離，比今日和二戰結束的時間距離少了將近二十年。

一九九四年，《消失在索穆河的士兵》首度在英國出版，那是一戰爆發的八十週年。你手上這本繁體中文譯本，在意義更為重大的二○一四年出版，這場百週年紀念讓一戰更貼近我們所在的當下。

傑夫·代爾

加州，二○一四年五月

「每一座壁爐上都立著常春藤環繞的照片，微笑著，一如往常⋯⋯」

積滿灰塵、鼓脹、陳舊：這些相冊，它們全都一樣。收納著一樣的表情，一樣的照片。家家戶戶都曾受戰火波及，家家戶戶都有這樣一本相冊。就連準備翻開相冊、看著相冊的動作，都被相冊就要激起的情緒覆蓋著。我們看照片，彷彿讀一首描寫看照片的詩。

我翻開灰暗沉重的冊頁。老照片的灰塵味。

已逝者列隊參軍。軍行過黑暗小鎮，消失在畫面邊緣之外。有些人隨後出現在照片中的醫院裡：在軍隊開拔與養傷復元之間，別無它物。更後來的照片裡，觸手可及的鄉郊野外似乎總是空無一人，記錄著缺席。乾砌石牆與河流。個人肖像與團體照。軍官與其他軍階。無法分辨誰是風雲人物，誰又不受歡迎。

「回憶一斑斑，」約翰‧厄普代克（John Updike）寫著，「彷彿底片被顯影劑噴灑，而不是浸漬其中。」這些照片每張都缺損、斑駁、變色；瑕疵讓它們看來就像回憶的顯影。有些打了過度的白光，慢慢地蠶食著影像，準備抹去它。其他的則是正在褪色：遺忘的顯影。到最後，除了空白什麼都不會留下。

一位穿長制服戴圓眼鏡的護士（下面有我祖母無瑕的筆跡，用印刷體寫著「我」）。一群男人在醫院。兩個戴眼罩，三個用三角繃帶包著手臂。其中一個

穿著難看的灰西裝，
沒了腿，袖口封在手肘。

一臉嚴肅的修女站在後排的一端，照片下方不嫌煩地寫下每一個人的名字。我母親的父親是後排左邊數來第二個。

外祖父是非婚生子，出生在施洛普郡的沃森（Worthen, Shropshire），距離威爾弗雷德‧歐文（Wilfred Owen）出生的奧思維斯垂（Oswestry）約十八英哩。他是農場工人，只會

讀寫自己的名字。一九一四年入伍，在法國的索穆省擔任馬車伕。根據家族傳說，外祖父曾經到前線戰壕，代替突然間勇氣盡失的友人作戰。再次回到後備壕溝時，他將摯友的遺體一鏟鏟放進沙袋中。（每個家都有一本相同的相冊，每個家也都有同一則傳奇的獨家版本。）他在一九一九年回到施洛普郡，重拾他遺落的生活。

　　工作，參戰，結婚，工作。

　　他活到九十一歲，過世前仍然只會寫自己的名字。

　　關於外祖父的每件事，我說的都是真話。除了他並不是照片裡後排左二的那個人。我根本不知道那個人是誰。沒差。他可以是任何人的外祖父。

　　就像許多年輕人那樣，我的外祖父決定參軍時不符年齡資格。招募官叫他過幾天、多長了兩歲以後再來報到。外祖父依約再來，在年齡欄位虛報了兩歲，於是順利入伍。

　　類似情節在所有徵募軼事中屢見不鮮，但我從沒懷疑過我媽經年累月反覆重述的這個自家版本的真實性。所以後來我很驚訝地從外祖父的死亡證明發現他其實生在一八九三年十一月（和歐文同年）。也就是說，戰爭爆發那年他已經

二十歲。一九一四那代人傳唱的其中一則故事早就在我家徹底內化，成了外祖父生平的一部分。

他是每個人的（外）祖父。

○

清晨七點三十分。霧靄還在索穆平原賴著不走。樹影輪廓模糊。不見動靜。電纜垂下，消失在不存在的籬笆後。唯聞鳥鳴。只有公路知道自己究竟通往何方。

我佇足享用早餐（蘋果、香蕉、紙盒裝的優格），一邊參考昨兒個買的地圖。稍早有位朋友驅車由巴黎前往加萊（Calais）趕搭早班渡輪，順道把我載到了亞眠（Amiens）。我從那開始朝著阿爾貝（Albert）方向搭便車，因為根據剛入手的地圖，那是最靠近我幾乎記不得名字的一些村莊的火車站：博蒙阿梅爾（Beaumont-Hamel）、馬梅斯（Mametz）、波濟耶爾（Pozières）……我想參觀索穆省的公墓，可是對於那些公墓究竟長什麼樣子或者哪一個墓區特別值得造訪，卻一點概念也沒有。在我的地圖上，靠近蒂耶普瓦勒（Thiepval）的地方有粗體字印著「英國紀念區」。今天早

上開始攔便車之前，我完全不知道自己將遇見什麼、要去哪兒——現在也一樣，我只知道今天我會去一趟蒂耶普瓦勒。現在我決定把東西都塞進後背包，繼續步行。

　　正如氣象預報所言，霧在一個小時內開始蒸散。原野緩坡露了臉。油菜花的粉黃火焰。平斜的地。我走向一座偌大墓園，幾乎看不見最遠一排的墓碑。

　　一堵時而消失在霧中的矮牆把公墓和周圍的原野隔開。牆邊近處偌大的十字架朦朧間看來滿是青苔，彷彿樹幹一般。打開上鎖門閂的響聲使鳥群反復離枝。我腳下踩著大聲作響的礫石。緊挨著大門，一塊灰白、平擺如祭壇的大石上寫著：

斯名永存

　　大石與十字架之間是成排與漂亮草皮接壤的白色墓碑。紫色、暗紅、鮮黃的花團點綴其間。

　　多數墓碑僅銘刻所屬軍團、姓名、軍階，以及戰死的日期（如果確定知道的話），有時候還有年紀。偶爾看到一些

名言錦句，卻浮濫著精心雕琢的聖經式感傷；它們對墓碑群整齊劃一的哀愁沒有一分增添或減損，有些甚至連名字都沒有：

參與大戰的

一名軍人

唯上帝知其名

一把青銅劍安在十字架的中心處，劍尖朝下指著地面。霧漸漸薄到讓十字架有投下影子的跡象，一道更灰暗、隱約到好像不存在的霾。蒼白天光。

墓園左手邊的高牆紀念著「一九一六年九月到十月之間於索穆河戰役中倒下」、不知葬身何處的紐西蘭籍死者。整道牆面延伸著一千兩百零五個名字。

大門邊上有訪客簿和墓主登記。這個公墓的名字叫毛蟲谷（Caterpillar Valley），共有五千五百三十九人長眠於此。

「我們將會緬懷他們」

「大戰」（Great War）斷裂了歷史的連續性，摧毀過去的遺產。當溫德姆・劉易斯（Wyndham Lewis）稱這場戰爭為「世界史的轉捩點」，形同提供一種定調。不過還有一種看法認為戰爭雖然摧毀過去卻也幫助它保留下來，至少對英國人來說是如此。後人從大戰的視角檢視一九一四年之前十五年的生活是很自然且無可避免的事。戰爭粉碎了過去，也把過去當成往事保存下來。藉由迎向一個不穩定、不確定的未來，穩定與確定就成了過去不朽的特質。

實際的情況當然不若一九一四年八月戰爭爆發前的慣常觀點那麼眾口一詞，雖然它試圖誘騙我們。對許多當時的觀察家來說，戰爭令過往蒙上塵埃，它揭穿並清楚披露潛伏在舊日和平中的暴力。八十年過去（編按：本書寫於一九九四年），這種蜷伏的、集結的暴力感受，幾乎已經從我們對大戰之前的認知裡全面濾除。提倡女性參政權的激進分子、階級躁動、罷工、愛爾蘭一觸即發的內戰——全都被戰爭所投下的輓歌長影所遮蔽並軟化了。

　　歐洲文明或許「早在被戰爭摧毀前就已經崩毀」，不過我們之所以對愛德華時代保有一成不變的平靜印象，其實是拜隨後的生靈塗炭所賜，並且從而加深。就連一九一四年夏日的光輝都似乎源於隨後而來的大變動。

　　約翰·赫伊津哈（Johan Huizinga）以一段令人信服的話，告誡歷史學家要

　　　　對自己的研究主題抱持著未定論者的觀點。他得不斷把自己放進過去的某個時間點，在那個時間點上，已知的因素看起來仍舊允許產生不同的結果。

　　然而歷史並未均勻地覆蓋事件。它在每個地方都形成暗流——而一九一四至一九一八年之間的這些暗流最是深不可測。透過觀賞諾曼地登陸的影像片段，我們親歷登陸日（D-Day）的發生。歷史懸而未決，等著被創造。相反的，索穆河戰役卻深埋於自己的盪漾餘波之中。「身處其黎明即是幸福」——即便恐怖埋伏於隨之而來的篇章，法國大革命初期的狂喜依舊絲毫未損。一九一四年排隊等著入伍的年輕

人有著亡靈的容貌，他們排隊等著被屠殺：他們早就死了。
用赫伊津哈的話來說，大戰驅使我們書寫反向的歷史：一個
先有果後有因的故事。

　　他們將永駐青春，在活著的我們老去時：
　　年紀不讓他們疲倦，歲月也不懲罰他們。
　　無論在日落之時或是早晨
　　我們將會緬懷他們。

　　這些咒語般的音律和真言般的複誦每年都在國殤紀念日
（Remembrance Day）被吟詠著。這些話我們聽過，卻幾乎沒
在紙上讀過。我們或多或少已銘記在心。這些話似乎從沒被
寫下來，卻已隨著生活的脈動深入國民集體記憶，隨著年復
一年的光陰遞嬗，由國殤紀念日的催眠咒語所催生。
　　但它們的的確確是由勞倫斯・賓揚（Laurence Binyon）於
一九一四年九月寫下的：早在陣亡的人真的倒下以前。換句
話說，〈給陣亡者〉（For the Fallen）並非悼念之詞，而是預
言之作；或者更準確地說是**悼念的預言**：一段結果早已注定

的預言。

一九一七年八月廿二日這天，厄尼斯特·布魯克斯（Ernest Brooks）在伊珀爾（Ypres）附近的皮爾坎山脊（Pilckem Ridge）拍下了大戰中最具標誌性的照片之一。落日餘暉突顯一名士兵背著步槍、垂首致意的剪影，他低頭看著死去同袍的墳頭，悼念著。這張照片記錄戰爭——此時正值第三次伊珀爾戰役，距離停戰還有十五個月之遙——同時預告這場戰役未來將如何被記得。這是一張屬於未來的照片，是未來回首過去的照片。這是一張屬於賓揚詩句的照片，是充滿感傷的照片。我們將會緬懷他們。

悼念的預言

○

　　如果我們據以記憶戰爭的幾種方式早在結戰爭結束前就已經確立，許多的關鍵元素也早在戰爭開始前兩年的一場戲劇性事件中成形。

　　一九一一年十一月到一九一二年一月之間，兩隊人馬正進入耗時費日南極點競賽的最後階段，其中一組是英國人，由海軍軍官羅伯特‧法爾肯‧史考特（Robert Falcon Scott）領軍；另一組是挪威人，率隊者是羅爾德‧亞孟森（Roald Amundsen）。靠著雪橇犬，以及技巧性地適應艱困環境，挪威遠征隊在十二月十五日到達極點並安全歸來。而史考特領著一支準備不足的探險隊，以吃力的人力拉橇方式在一月十七日站上極點。輸了比賽的五人小隊想安全歸去，得先通過八百英哩跋涉的艱辛考驗。三月二十一日，三位精疲力盡的探險隊倖存隊員——史考特、愛德華‧威爾森博士（Dr. Edward Wilson）與亨利‧鮑爾斯（Henry Bowers）——遇上暴風雪，在距離最近的食物燃料儲存點十一英哩之外紮營。史考特似乎認為停在原地不動、保有奮力求生的紀錄會比死在

半途來得好。他們至少又多撐了九天，直到史考特如羅蘭·杭特弗（Roland Huntford）所形容的「準備從舞台上謝幕」並誌書後人：「我們為國人樹立了好榜樣，倒不是說陷入困境，而是以人類的尊嚴面對困境。」史考特寫著，即便功敗垂成，這次的探險「證明了英國人能夠承受苦難、互相幫助，面對死亡總是堅韌不拔」。英雄之死的傳統誇大了他的個人遭遇，而他的遭遇也將這個傳統發揚光大：「我們展現英國人始終死而無畏的精神，與死亡搏鬥至死方休……我想這對未來的英國人樹立了一個榜樣。」

十一月十二日這天，搜救隊伍在倒塌的帳篷下找到他們的遺體和文件，史考特在南極的傳說立刻發酵。「透過他們的苦痛、磨難和相互扶持，」一名搜救隊隊員寫道，「世人將很快意識到他們所成就的與任何戰場上的犧牲奉獻一樣偉大，並贏得所有純正英國人的尊重與推崇。」

實際上，史考特的頑固無能意味著遠征從開始就飽受成員摩擦之苦。傳說中「極為英勇的英國人」奧茨上尉（Captain Oates）早先曾寫道，「如果史考特沒能抵達極點，完全是他活該。」儘管打著科學探索的名號，史考特的探險

除了突顯「人力拉橇的荒誕徒勞」，對極地旅行的知識沒有絲毫貢獻。但在他的英雄事蹟裡，徒勞（正好是歐文生前發表的少數詩作之一的標題）可是占據重要角色。史考特已經把這次的探險變成一件「為英雄而英雄」的事，當他的死訊於隔年二月十一日傳回英格蘭時，僅僅增添其哀榮。

　　一場「給數一數二效率不彰的極地探險，以及最糟糕極地探險者之一」的追悼儀式在聖保羅教堂舉行。此外，史考特的失敗與何瑞修・尼爾森（Horatio Nelson）的勝利在特拉法加廣場比鄰而居，象徵著英國精神的凱旋姿態。全國上下既激情又不假思索地接受扭曲、浮誇版本的史考特事件。在德文軍港（Devonport）海軍造船廠禮拜堂的講道，強調「自我犧牲的光榮，失敗的禮讚」。至此，史考特已成為雖敗猶榮的化身，變成一種英國理想：如何「將災難轉變為美德，將無能妝點成英勇事蹟」的鮮活例子。

　　無須再次強調，史考特的事蹟預示了「大戰」裡更大規模的英雄式浩劫。誠如一位今日已被人遺忘的作者所言，他可是給自己的

同胞們樹立了堅忍不拔的榜樣⋯⋯在我們之間有這麼
多英雄，這麼多的史考特⋯⋯把犧牲奉獻看得比謀利還
重，我們也開始了解從法蘭德斯（Flanders）⋯⋯染血的
戰場升起的是何等的光輝⋯⋯。

一九二三年停戰紀念日（Armistice Day）這天，一座戰爭
紀念碑在亨廷頓（Huntingdon）揭幕，雕像呈現一名士兵正
在休息，單腳撐在身後的牆上。托著下巴的左手撐在向前伸
出的膝蓋上，像是對羅丹《沉思者》的戲謔模仿。另一隻手
穩抓步槍，槍口的刺刀靠在身旁。打造這尊雕像的人是凱薩
琳・史考特（Kathleen Scott），南極那位史考特的遺孀。

○

在戰爭結束之前，類似的紀念碑該如何打造已經經過廣
泛而深入的討論。全國各協會與俱樂部早在一九一七年之前
便齊聚一堂，確立了合宜的紀念方式。[1] 二○年代初，舉國

---

[1] 早在一九一五年，教堂工藝聯盟（Church Crafts League）就「特別致力於將喪

的哀思已被雕塑成廣泛接受的形式。雖然允許各種不同的發揮，不過草擬於一九一六年九月的形式，受到《康惠雜誌》（*Cornhill Magazine*）竭力反對用寓言的方式呈現所影響，而傾向「表達的簡潔有力……好讓觀者一眼就能看出紀念主題的偉大與重要並渴望深入了解」。

直到戰爭尾聲，仍然有反對論點提倡具有實際用途而不是徒具詩意的紀念方式：醫院、療養院或大學。這種提案更符合一九四五年的氣氛，而不是一九一八年對紀念性悼詞與不受功能性支配的建築的渴望。等到一九四五年，這些建築物和悼念格言已就定位：欠缺的只是新的名字與日期。真正的任務在於重建戰爭所粉碎的經濟及基礎建設。

不管有多少人員傷亡，第二次世界大戰有著顯而易見的

親者的虔誠心意，導向適當的抒發管道」。一九一六年一月八日，市民藝術協會（Civic Art Association）開會討論如何盡可能確保死者受到應有的追思。六個月之後，同一個協會舉辦了「戰爭追思設計展」（An Exhibition of Designs for War Memorials）。同年，王家藝術研究院（Royal Academy）將重要的建築師、雕塑家組成委員會，以便對戰爭紀念的審美觀提供指導。隨後在六月，各個公部門齊聚王家藝術研究院「以確保樹立紀念碑時能同心協力而非各行其是，並保護教堂與公共建築在設置戰爭紀念物時能免於不當的處理」。

實際意圖與目標——在希特勒集中營影片公諸於世後回頭來看，更顯得格外昭著。但第一次世界大戰過後，人們對於為何而戰，或者除了損失上百萬的人命之外有何收穫，卻沒有什麼明確的想法。這反而使得紀念戰爭的任務變得相對容易。

第二次世界大戰與大屠殺的紀念工程至今仍在世界各地建造著；該採用什麼形式仍爭論不休。二戰至今已滿五十週年，諸如「轟炸機」哈里斯（'Bomber' Harris）在倫敦的雕像所引起的爭議，標記著第二次世界大戰的每個階段。相反地，用來紀念大戰的方式很快出現共識並拍板定案。用於紀念的公共建設在三〇年代中期之前就完成了，此後建造的紀念碑不多：只有紀念文字的補遺。需要補上去的只是時間：讓過去滲入未來的記憶裡，並深根於未來。

〇

我們永遠都無法知道大戰中確切的死亡人數。法國與德國分別有超過一百五十萬人喪命；俄羅斯則有兩百萬人。英國人死了七十五萬——若把整個大英帝國的傷亡算進去，數

字會上升到近百萬人之譜。

　　戰爭尚在進行時，死者多半被草草埋葬於集體墓穴。等到一九一六至一九一七年之間的大規模消耗戰開打時，集體墓穴會在展開大型攻勢之前預先挖好。原先唱著軍歌、往前線壕溝行軍的士兵縱隊，途經這些巨大坑洞時變得沉默無語。士兵若在曠日廢時的持久戰期間死去，在正式埋葬之前，可能得經年累月地躺在那兒發爛。其他人則埋在孤立的單人墓，或是臨時做成的小墓園裡。埃德溫‧魯琴斯爵士（Sir Edwin Lutyens）是監造我們今日所見公墓的建築師之一，一九一七年他造訪法國，對眼前急就章的戰時墳墓感觸良多。七月十二日，他在給妻子的信裡記下自己的印象：

　　　　墓地的凌亂，源自於要完成的太多、考慮的時間太少。孤立的墳頭如銀河般帶狀延伸，在人們倒下、就地掩埋的田野上橫跨數英哩。在一片草本植物荒原的襯托下，彼此相連的小小十字架彷彿絲帶，綿延整個墓地，倘偌有花開了，畫面就顯得樸素、迷人，多麼哀戚。只消思索片刻就知道不需要別的紀念碑了。

　　這樣的感受倏忽即逝，魯琴斯自己後來也意識到；為了往後著想，還是需要建造更為不朽的紀念碑。於是，建立永久紀念用公墓的工作便在停戰日後於帝國戰爭公墓委員會（Imperial War Graves Commission）的主持下展開。[2]

　　儘管抗議聲浪在一九二○年五月四日下議院的辯論中達到高峰，會中譴責不遷葬回國、也不會有私人紀念碑的提案「既駭人聽聞又不厚道」，但它還是通過了。出身英國以及整個大英帝國的所有士兵都會安葬於或繼續安葬於其戰死之地。不分軍階、整齊劃一的墓碑可以實現死後的平等——既節省製作費又比十字架更容易保存，還能符合各種宗教或無信仰者的需要；每一名陣亡軍人的名字都會在墓園裡，或者如果找不到遺體的話，就銘刻於無數紀念碑的其中之一。墓碑的底座留有空間，讓死者的至親能加上他們的題詞。

---

[2] 一九一七年以前，帝國戰爭公墓委員會還叫做墓地註冊委員會（Graves Registration Commission）；到了一九六○年，則改名為英聯邦戰爭公墓委員會（Commonwealth War Graves Commission）。

「只消思索片刻就知道不需要別的紀念碑了」——魯琴斯

　　這樣的做法史無前例，卻絕非憑空而生。過去幾個世紀裡，戰死者不見得能享有自己專屬的墓地，從某些方面來看，大戰後的軍人公墓體現了平民墓園設計發展的高峰與其系統性運用。這些發展本身象徵啟蒙時代以降看待死亡的態度一直在改變。根據喬治·摩斯（George Mosse）引人入勝的說法，隨著瘟疫幽靈的退位，「鐮刀死神的意象已經被死亡等同永遠沉睡的意象給取代了。」當糟糕的衛生條件與疾病間的關聯（以及腐臭與死亡的對應連結）愈發引起注意，墓

園開始遠離擁擠城鎮，蓋在安靜、陰涼，適合休憩的環境。環境與象徵所促成的氛圍並非悔罪與恐懼，而是泛神論的沉思。

三位建築師——魯琴斯、赫伯特·貝克爵士（Sir Herbert Baker）與雷金納·布羅姆費爾德爵士（Sir Reginald Blomfield）全權負責貫徹委員會所樹立的原則：不分軍階的白色墓碑和大戰的紀念石碑，上面刻有羅德亞德·吉卜林（Rudyard Kipling）從舊約聖經《傳道書》裡選出的銘文「斯名永存」。魯琴斯希望建造非特定宗派的墓園，但被迫將布羅姆費爾德爵士設計的「犧牲十字架」（Cross of Sacrifice）納入墓園：戰爭的劍插回作為刀鞘的十字架，軍人與基督徒的樸素結合。

許多墳墓散布在戰場各處，有時遺體會從較小的墓園挖掘出來，重新埋葬到更大片、更「集中」的土地上——事實上這些「新」地點常常是原有戰地墳場的延伸。有些墓園會以軍團或營來命名，但只要可能，就會把戰時的原名保留下來：鐵道山洞（Railway Hollow）、英國家鄉谷（Blighty Valley）、受難像角落（Crucifix Corner）、貓頭鷹戰壕（Owl

Trench）……。

　　即便經過這樣的處理，仍然有上百座英國與大英國協的墓園分散在法蘭德斯地區與法國北部。其中第一座於一九二〇年落成，但整理興建的工作持續進行貫穿整個二〇年代。直到一九三四年，光是索穆省，就有十五萬英國與大英國協的死者埋葬於兩百四十二座墓園裡。在西部戰線上，一共建造了九百一十八座墓園，容納五十八萬具名以及十八萬無名的墳墓。尋找遺體的官方行動於一九二一年九月結束，少數墓園至今依舊開放埋葬尋獲的遺體。從那時到第二次世界大戰之間，即便主戰場已經被蒐尋過六次之多，仍然有三萬八千具屍體在比利時與法國尋獲。失蹤者的遺體仍然不斷出現，或因土地受潮汐沖刷而露出地表，或意外被犁田的農夫挖掘出來。

　　每座墓園的設計大致相似，但因地點、大小、布局和花種的選擇，於是有自己不同的特色與氣氛。有些用吉卜林的話來說，是座巨大的「沉默之都」，像塞爾路公墓（Serre Road Cemetery）就是一例。也有很小的墓園，局促於原野的一隅、溪流蜿蜒處，或陰暗的樹林邊上。

　　無論大小，全部的墓園都在小心翼翼的維護下保持完美無暇。這不太尋常：畢竟墓園總歸要陳舊的。在這些軍人公墓裡沒有衰老這回事：一切都保存如新。這裡沒有時間，只有四季。墓園現在看來與六十年前並無二致。

　　就像今天國殤紀念日的官方悼詞對於凱旋或愛國精神的勝利，沒有比對犧牲的著墨來得多。犧牲或許是屠殺的婉轉說法，無論哪種說法成立，為了獲勝而損失的人命代價早已完全蓋過了勝利的重要性。有了這種體會，在勝利與戰敗、在英國或德國式的戰爭體驗之間，也就沒什麼好選擇的，紀念碑銘並非獻給「我們的」，而是獻給「所有光榮戰死的人」。

　　現在看來，戰爭似乎是為了被記得而開打，為了不辜負人們對戰爭的回憶。

○

　　即便在戰火猛烈時，一戰最典型的態度是**期待未來能回頭緬懷戰爭的那一天**。「未來！」亨利・巴比塞（Henri Barbusse）筆下的士兵伯特蘭，在《砲火下》（*Under Fire*）裡

吶喊著。

　　「我們的後人，他們會怎麼看待這場屠殺……他們會
怎麼看待這些事蹟，就連我們這些執行者都不知道別人
該拿我們跟普魯塔克（Plutarch）和高乃依（Corneille）
筆下的主角，還是和地痞流氓相提並論。」[3]

　　他起身時雙臂依舊交叉於胸前。垂首的表情嚴肅如雕
像。但他再次打破大理石般的沉默，重複著，「未來
啊，未來！未來的任務，就是用我們始料未及的方式，
把現在給一筆勾銷，好像現在是個討厭的恥辱。偏偏，
眼前的現在一定得如此處理，一定！」

　　一九一六年，巴比塞的小說以《戰火》（ *Le Feu* ）為書名
在法國出版，隔年翻譯成英文，是第一部對戰爭經驗提供虛

3　伯特蘭的話，在一位真實存在的法國軍人，馬克‧博亞松下士（Sergeant Marc
　Boasson）於一九一六年七月寫給妻子的信裡得到迴響：「明天，他們要用我們
　這些鮮血流盡、思緒空白、被常人無法忍受的疲憊給壓垮的筋疲力盡的人，來
　打造出什麼樣的國家呢？」

構描述的重要小說作品。它直接影響了歐文和齊格飛·薩松
（Siegfried Sasson），為後來的戰爭寫作樹立了想像的模範。
上面這段引文之所以關鍵，不僅是因為伯特蘭說了那些話，
巴比塞的表現手法也同樣重要。雕像的比喻尤其傳神。「大
理石般的沉默」和雕像般的表情，讓伯特蘭活脫像一尊紀念
像，用來紀念他所宣稱要被一筆勾消的眼前的現在。

　　在書的最後一章，還有另一個相關的段落同樣啟迪人
心。士兵們在經歷一段可怕的轟炸後回過神來，發現自己身
處在永遠的夢魘，談論著要跟任何不在場的人轉達戰爭裡發
生的事，是多麼的不可能。

　　　「講這個沒啥好處，是吧？人家才不會相信你；我這
　　麼說不是出於惡意，或是想扯你後腿，是他們就是沒法
　　理解……除了我們，沒有人會懂。」
　　　「不，我們也不懂，不懂！」有人哭喊著。
　　　「我說的就是這個意思。我們該遺忘──其實我們已
　　經在忘啦，小子！」
　　　「我們看過的多到記不得了。」

「而且我們看到的一切太沉重了。承受這一切不是我們的本能。這簡直是要把人五馬分屍。我們渺小到扛不住啊。」

開啟這整個段落的人，以「喪鐘般的悲傷口吻」抒發己見。小說中的眾人在歐文寫出「該為那些如牛群般死去的人敲響什麼樣的喪鐘？」之前，已經在討論有沒有什麼辦法能夠適當的表彰受如此苦難的人們。巴比塞對此的回應也為歐文鋪了路：把會被遺忘的，一筆筆登記成冊。「我們將會緬懷他們，」賓揚這麼歌誦著。「我們該忘掉，」巴比塞筆下其中一名士兵吼著，

「像你們說的，不只是這一整個開始時根本想像不到的折磨，還有背著在天空下看起來越來越大包的負重，害人割破雙腳、磨穿骨頭、把整片地翻過來又翻過去的行軍，讓你記不得自己名字的疲勞，漫漫長路和無所事事的折磨，累到沒力的挖掘工作，無數個漫長的守夜，一邊抵抗睡意一邊注意神出鬼沒的敵人，和沾了屎長了

頭蝨的枕頭——不只這些，那些被砲彈和機關槍搞的發
臭傷口、地雷、毒氣和反擊也都忘了吧。在那些時候你
們身上滿是現實的興奮感，還有些自鳴得意。可是一切
都在不知不覺中消磨殆盡，也不知道消失到哪去，只剩
個名字……」

　　後來薩松宣稱的「我們忘了紀念」被反轉了：紀念碑
是拿一連串將被遺忘的東西蓋出來的。到最後「只剩個名
字」，紀念碑不就是這麼回事。

　　「我們是專門遺忘的機器，」又一個巴比塞筆下的士兵
這麼喊著。除了為規劃中詩選草擬的前言，歐文還附上一份
預計內容清單；第一首詩〈礦工〉（Miners）的旁邊，潦草
寫著「未來會如何遺忘」。不斷重複聲明我們正面臨遺忘的
威脅是確保戰爭不被遺忘的方法之一。自從停戰日以來，每
個世代都曾經相信如果大戰對誰有任何意義的話，自己就是
那最後一代。而今隨著大戰最後的生還者行將就木，我也在
想戰爭的記憶是否會消失於我之後的世代。這種即將面臨失
憶的感受，不只現在會，過去會，很可能永遠都將會內化於

戰爭永不磨滅的記憶中。

簡言之，問題不只是戰爭如何創造記憶，也包括記憶在過去和未來將如何決定戰爭的意義。

從吉卜林先前的詩作〈曲終人散〉（Recessional）裡摘錄的「以免我們忘記」，遍布於全國各地的紀念碑上，告誡著我們。忘記什麼？要是我們真忘了，又會有什麼遭遇降臨？提出這個問題勢必得擁有痛下決心的意志──講白了，一九一四至一九一八年之間的日子已經成為「無力被遺忘的」代表。

薩松大力諷刺挖苦國殤紀念日官方形式的偽善，但最讓人們感到不安的還是回憶和遺忘的相互關係。在〈做夢的人〉（Dreamers）裡，他宣稱士兵們「沒法從光陰的無數個明日拿到分紅」，卻堅信他們能在我們所有人的昨日擁有一席之地。

早在一九一九年三月，〈餘波〉（Aftermath）一詩以駭人的問句起頭，「你已經忘了嗎？……」。「**低頭看看，對著被戰爭殺害的人發誓你絕不或忘**」──薩松口氣中的勸誡可不比吉卜林來得少，只不過他捨棄尊貴的紀念碑，改用戰

壕的氣味塞滿我們的鼻孔：

> 你還記得老鼠／和那惡臭
> 在戰壕之前腐爛著的無數屍體
> 拂曉來臨，灰白，因無助雨絲而發寒？

英魂

　　敲打著自己熟悉的節奏，薩松在寫於一九三三年的續篇〈破滅之路〉（The Road to Ruin）裡，幻想著「黑暗王子」站在和平紀念碑（Cenotaph）前詠嘆：

> 讓他們忘了吧，主啊，這紀念碑
> 意味著什麼……

　　這些年來，我總是搭巴士或騎單車經過和平紀念碑，因為太常看到而不大去注意它。它已經成為無人理睬的日常建

築之一。徒具形式的陵墓如今成為看不見的陵墓。

然而，史蒂芬・格拉漢姆（Stephen Graham）認為停戰
後的那幾年，特別是一九一九年與一九二〇年，和平紀念碑
「將所有戰爭的經驗，以及所有因戰爭而神聖的事物，聚攏
到自己身上」。

一九一九年七月十九日本來有一場凱旋式遊行，但首相
勞合・喬治（Lloyd George）反對任何未能「向亡者表達敬意
的」舉國歡慶。魯琴斯受官方要求設計一個臨時、不帶宗派
色彩的「靈柩台」。他在幾個小時內草繪出我們今日所見的
和平紀念碑。

用木頭、石膏打造的紀念碑塔如期揭幕，其簡樸肅穆的
威嚴激起的感受是如此澎湃，於是——「數百萬感性之人」
（魯琴斯是這麼寫的）——決定用波特蘭石打造完全相同的
永久版本取而代之。

這個臨時建築繼續原地保留，見證了首次引介兩分鐘默
哀的停戰週年紀念日。

自從第二次世界大戰結束以後、決定在最接近十一月
十一日的星期天同時紀念兩次大戰的死者以來，默哀的效

果就被消音了。在兩次大戰之間繁忙的平日中，特別是一九一九年與一九二○年，「那極為莊重的靜默」勢不可擋、驚天動地。

一九一九年的十一月十一日早上十一點，不只英國，整個大英帝國都停止了一切活動。車流停息。從手工作坊、工廠到證券交易所，人們動也不動。倫敦的人們連一通電話都沒撥。原訂十一點發車的火車延後兩分鐘出發；行進中的火車停了下來。一名退伍軍人因謀殺罪名在諾丁罕巡迴法庭接受審判。十一點一到，包括犯人在內，整個法庭的人們起立默哀兩分鐘。當天稍晚，該名軍人被判處死刑。

一九一九年十一月十二日，《曼徹斯特衛報》（*Manchester Guardian*）報導了前一天的肅靜：

十一點的第一響鐘聲產生了不可思議的效果。電車滑行漸停，引擎先是不再喀喀響，接著冒煙，然後完全不動，粗壯的拉車馬匹也背著負重弓身停步，彷彿出於自願……。有人摘下帽子，於是其他人也帶著戰戰兢兢的躊躇低下了頭。到處都能發現不知不覺從一般站姿變成

「立正」站姿的老士兵。不遠處,一名老婦人擦著眼
淚,她身邊的人表情嚴肅而蒼白。每個人都站得直挺挺
的……寂靜更形。遍及整座城市的靜默如此清晰,深刻
於人的聽覺。那是幾近於痛楚的……一片寂靜。記憶的
靈魂便化育其中。

　　來年的國殤紀念日典禮上,還有另一個更動人心弦的成
分,與默哀以及永久版和平紀念碑的揭幕式相輔相成:無名
英雄葬禮。

　　八座無名墓被從一戰的主戰場挖掘出來。一名資深軍官
蒙上眼,隨機選出其中一具棺木。[4] 在一系列精心設計、充
滿象徵性的儀式中,「過去沒沒無聞,而今是號人物的這個
人」隨著全套的旌旗穿越法國,由驅逐艦凡爾登號載著他跨
過英倫海峽(凡爾登戰役和法國士兵也因此在儀式進程中獲
得一席之地)。十一日的早晨,覆旗的靈柩被放在砲架上拉
到白廳路,十一時整,正式的和平紀念碑在此揭幕。

　　天氣也幫了忙。陽光穿過雲霧灑下。無風。旗半降,懸
著皺褶。沒有風來打攪再次降臨的這場默哀。大笨鐘敲了

十一響。最後一響化入整個倫敦，把寂靜蔓延到整個國家。
「在寂靜中，只被身旁的啜泣分神」，《泰晤士報》（*The Times*）這麼報導，「群眾垂首致敬……」。人們屏住呼吸，免得在一片無聲中被聽到。似乎已達致極的寂靜卻益發深沉。一名婦女的尖聲喊叫「竄起落下，又再竄起」，直到寂靜「再次壓過」。

4　選棺過程中這種虛偽麻木的莊嚴，在約翰・多斯・帕索斯（John Dos Passos）美國三部曲的第二部《一九一九》（*Nineteen Nineteen*）裡，被他給狠狠地挖苦了：

在馬恩河畔瀝青紙造的停屍處，在漂白水和死人的惡臭裡面，他們挑了個松木箱子來裝所有數支數支最多幾支遺剩的塞滿了挖完的理查牌魚子醬那邊的其他一大堆松木箱和其他人或無名屍。
只有一個能走。他們是怎麼選中張三的？
先確定他不是個黑佬，小子，再確定他不是義佬或猶太佬，可當你拿到只是一麻袋的骨頭、打上嘯鷹標誌的銅鈕扣，以及一雙綁腿布，怎能百分百分辨出那傢伙是誰？
……更別提滋滋作響的漂白水和陳年屍的嘔吐屎臭……

類似的諷刺胡鬧劇也圍繞在貝特杭・塔維涅（Bertrand Tavernier）一九八九年的電影《只是生活》（*La Vie et rien d'autre*〔*Life and Nothing But*〕）中法軍無名英雄的挑選。

主啊，祢是我們千古保障。

默哀綿延，直到「突然間，軍號響起了起床號尖銳嚇人
的清晰音符，從苦痛之聲中升起──卻是凱旋的苦痛」。

載著無名軍人的砲架車離開和平紀念碑，一路駛往西敏
寺。教堂裡，同樣的情感張力在強調數字的安排下更顯張
力：千名痛失至親的寡婦與母親；在戰爭中負傷或失明的百
名護士；由百位獲得維多利亞十字勳章的勇士組成的儀隊，
在中堂兩側分列各五十人。護柩者之列有戰場上的最高統
帥：道格拉斯‧黑格（Douglas Haig）、約翰‧弗倫奇（John
French）以及休‧特倫查德（Hugh Trenchard）。國王將來自
法國的土灑在靈柩上。「這一切，」一名觀眾評論道，「為
攪動如此的回憶與情緒，彷彿讓石頭也要哀哭。」

○

這張照片是一九一九年的臨時和平紀念碑：大批群眾看
著士兵行軍而過。這場閱兵遊行沒有什麼凱旋氣氛。軍隊的
角色並非慶祝勝利，而是代表戰死者。國殤紀念日使用的語
言瀰漫犧牲的概念，帶來了難以避免的副作用。為榮耀死

者，生還者為自己被戰爭的終極目標——犧牲——排除在外
作證，不過是以代理人的身分出席。生者扮演致敬而非受勳
的角色。換句話說，通過和平紀念碑前的列隊士兵，是一支
由死者代理人編組而成的大軍。

死者代理人

　　為了使損失的規模更容易掌握，領導帝國戰爭公墓委員會的法比安・威爾（Fabian Ware）指出，如果讓全帝國戰死的人排成四人一列沿白廳路行進，需要三天半的時間才能全數通過和平紀念碑。[5] 從十一月十一日和平紀念碑揭幕式到一周後無名英雄墓的封棺式之間，通過的生者超過百萬。威爾的想像與一九二〇年實際發生的場面何其相符，對所有看照片的人來說，士兵們看起來就像戰死者本人，他們行軍回來接受生者的致敬。威爾的假想有了真實血肉。「死而復生，」一名《泰晤士報》的記者這麼寫著。

　　「一群人流過倫敦橋，啊，這麼多／我沒有想到死亡毀滅了這麼多，」T・S・艾略特（T. S. Eliot）寫在《荒原》（*The Waste Land*）裡。

　　行軍經過和平紀念碑的士兵隊列，朝視線與時間之外延伸出去。如果我們跟著隊列走，它會把我們帶到另一張照

5　塔維涅的《只是生活》劇終前，菲利普・努瓦黑（Philippe Noiret）所飾演的迪勒普拉昂少校計算出，若法軍陣亡者要從香榭麗舍大道行軍至凱旋門，得花上十一個晝夜。

片，裡面的人們正行軍赴沙場。這兩幅影像還真像是一張長征穿越戰爭照片的兩段。裡面的人呈單一縱隊，隊伍如此之長，末端士兵才剛通過募軍站，搭上火車，前端的那些死者已行軍經過和平紀念碑。

歐文〈為吾詩辯護〉（Apologia Pro Poemate Meo）原先在草稿上的題目叫「難言之隱」（The Unsaid）。約翰・伯格（John Berger）無意間呼應了歐文，寫道兩分鐘默哀

> 是無從表達之前的靜默。雕塑出來的戰爭紀念碑不同於以往所建的任何公共紀念物。它們是麻木的：用以紀念無以言表的災難。

和平紀念碑是伯格說法的最極致化身。它用立體的方式，重現了在停戰紀念日那天包圍了它的兩分鐘默哀。人們要求建造永久版的和平紀念碑，用以記錄、留住它曾凝聚其中的沉默，往後沉默會從紀念碑裡向外發散而出。根據《泰晤士報》的報導，默哀時，彷彿「連時間的心跳都停止了」。和平紀念碑在記錄默哀的同時，也標誌了永恆。臨時

的和平紀念碑是不可能存在的矛盾：它必須是永恆。

　　往後每年，沉默持續在那兩分鐘裡流入紀念碑中。自從
第二次世界大戰，以及周日蓄積的沉默電量逐漸下降，和平
紀念碑內含的沉默也已徹底耗盡。倫敦的喧嘩年復一年地侵
蝕它；它的沉默逐漸細不可聞，逐漸褪去。

○

　　在一九二〇年代，無論是永久的和平紀念碑或是無名英
雄，都無法滿足紀念的熱情。從許多方面來看，紀念戰爭的
方法就像戰爭本身，會自己創造自己。英國退伍軍人協會於
一九二一年籌辦了罌粟花的義賣會，賣出了八百萬朵，後來
義賣會改賣人造花並延續至今。一九二七年，也就是英國退
伍軍人協會陣亡將士紀念節首次舉辦的兩年後，這個活動引
入了它最獨一無二、最感人的特色，讓一百萬朵罌粟花飄落
到聚集在下方的現役軍人身上，每一朵代表一條生命。

　　與此同時，全國各地都有紀念碑揭幕；法國與比利時建
起了公墓；戰死者的名字出現在軍團紀念碑，以及各個工商
業協會、城鎮與鄉村、大學與各級學校的榮譽榜上。[6]

　　這一切使戰爭中的性命損失更加明顯，但事實證明，損失的規模反而具有寬慰人心的效果。母親、妻子和父親的痛，全被列進一份規模令人瞠目結舌的名單中。戰爭尚在進行時，傷亡人數總被掩飾。一旦意識到倘若有百萬人同時分攤與承擔，傷痛會變得更容易控制，犧牲規模又會被強調。宣傳傷亡的規模就是承受傷亡最好的方法。

　　而且，在所有傷痛之中，難道沒有些微刺激的顫抖或哆嗦，是來自這一切難以想像的巨大數字？這場仗在規模上創下了各種紀錄：規模最大的轟炸，最大把的槍，最大顆的砲彈和地雷，最大規模的戰爭動員，最多的人命損失（「百萬死者」）。選擇用「大」（Great）來形容這場戰爭，難道就沒有一絲驕傲，一股無可避免的語意肯定暗流？

6　之所以如此鉅細靡遺地記錄死者，一方面是因為傷亡規模前所未見，另一方面則是因為無論死難者是自願從軍或徵召入伍，絕大多數都是民兵的這個事實。向戰死者個人致敬的做法可上溯至法國大革命與國民軍（citizen-army）的出現——但一直到「大戰」之後，才有對戰死者全面的紀念。雖然有例外，不過借用喬治‧摩斯的話，在一九一四年前士兵一般都「被當作無名集體的一部分」。「大戰」第一次給了所有戰死者平等的榮譽，軍官或士兵皆然。

　　儘管被悲痛的光澤所掩蓋，這種驕傲的特質或許還有些什麼保存至今，由某些偏好這個命名所帶有的一切感傷共鳴，勝過「第一次世界大戰」這個按數字排序的空虛稱呼的作者給延續下來——其中包括我自己。

記憶的建造

「戰爭的恐怖獸性」

不管用「大」或是「第一次世界」形容，每一本有關這場戰爭的書，或是它所生產的文學與藝術作品的評論，都強調它的恐怖。任何一本這樣的書，其隱含語意索引中最龐大的條目一定會是：「戰爭的恐怖。」還沒開始讀歐文〈如此甜美而光榮〉（Dulce et Decorum Est）的第一節詩之前，我們已不停對自己喃喃唸著古老的咒語，「戰爭的恐怖」。

戰爭誠然恐怖，但這不該妨礙我們承認「戰爭的恐怖」已經淪為多麼糟糕的陳腔濫調。這枚被大量使用的銅板磨損得如此之薄，看來其價值比被「恐怖」譴責成偽幣的「榮耀」、「犧牲」或「為了祖國」高不了多少。「戰爭的恐怖」這說法，早就成了自動的連詞，絲毫傳達不了任何它想表現的恐怖。

這種過度的使用，有一部分是光榮衛國的產物。一個人若想迎合大眾的口味，就不能在侃侃而談死亡、傷殘或負傷時，不去強調這些情況有多恐怖。恐怖也因此成為一項例行公事，一套慣用語法。再想想，洗衣粉廣告詞長久以來都在

品牌名稱前面打上「全新改良」，實際表達的就變成「一樣的老配方」。這些遣辭用句把自己漂白到看不見，成了品牌名稱中無人理睬的一部分。要是想傳達產品新改良的特性，你得在前綴詞的前面多加個前綴詞：全新改良的全新改良的碧浪洗衣粉。

「戰爭的恐怖」也已用類似的方式把自己給擦掉了。在琳恩・麥克唐納（Lyn Macdonald）的《一九一四到一九一八：大戰中的聲音與影像》（*1914-1918: Voices and Images of the Great War*）平裝版封底上，引用了一段來自《泰晤士報教育副刊》（*The Times Educational Supplement*）的書評，強調「對絕望恐怖千篇一律的噁心重複」。換句話說，光靠「恐怖」本身已經不足以讓人心生畏懼。你越是這樣重複堆疊，語意的消耗就越加速進行。在《戰時百態》（*Images of Wartime*）中強調保羅・奈許（Paul Nash）畫作中的場面不單是嚇人，而是「可怕的嚇人」，奈吉爾・維尼（Nigel Viney）很快就發現自己身陷「無盡恐怖的深淵」。

「大戰」最恐怖的一面是將人們送到大前方無意義的消耗戰中，糟蹋生命。人們不禁懷疑，為了這個藉由不斷增加

耗損賦予其意義的空頭軍事戰略捨身赴義，是否稱得上死得
其所？

　　連串讓人顫慄的形容詞淡化了原先意圖製造的反響。而
伊蓮・史卡里（Elaine Scarry）構句中冷靜的、精心計算的步
履，卻因簡潔而令人感到可怕：「戰爭主要的目標與成果就
是帶來傷害。」

○

　　「在大戰以前，我們今天所理解的戰爭詩並不存在，」
彼得・帕克（Peter Parker）在《過時的謊言》（*The Old Lie*）
裡寫道；「但倒是有軍事詩體。」正因為此一傳統創造出的
情感慣例是如此普遍，一九一四年才十一歲大的艾瑞克・布
萊爾（Eric Blair）僅按照著眾人共同的情感，就寫出了這首誠
懇的詩——〈醒來，英格蘭的年輕人〉（Awake, young men of
England）。五十年後，十一歲孩童可以在同樣的情況下，以
如出一轍的方式發自內心寫下一首闡述戰爭的恐怖的詩——
同樣只需仰賴眾人共同的情感。

　　在某種程度上，我們對戰爭的恐怖的討論是如此直覺、

熱情，誠如魯伯特・布魯克（Rupert Brooke）和他的同時代人亦直覺地、熱情地抓住戰爭帶來的機會，「彷彿泳客般往水的清澈裡跳」。

這可不是語言上的狡辯。現成的公式讓你不用自己思考語言所傳達的意圖。當言詞在人們口中機械地、輕易地傳來傳去，它們的涵義會逐漸外漏乃至蒸發。布魯克只不過擁抱了現成的情感公式，就能輕易為他的詩句「請這樣想起我」覆上英雄色彩，這提醒我們應該多加留心，並使我們對另一種情感為何能輕易推翻現有的情感抱持懷疑。埃薩克・羅森堡（Isaac Rosenberg）尖銳譴責布魯克筆下「榮耀的十四行詩」全都是由「二手措詞」堆砌而成的。然而，評論家凱斯・薩加（Keith Sagar）也傳播著類似的二手、甚或三手氛圍，他將停戰紀念日忿忿不平地刻畫作

　　過程的一部分，國家承諾從每年之中拿一天來紀念，以便在其他三百六十四天裡能忘得問心無愧。國家在這個過程中，驕傲地接受了對一整個世代的年輕同胞的屠殺。和平紀念碑揭幕儀式中的浮誇修辭是愛國侵略主義

始終未脫下的肅穆偽裝，正是這種侵略主義使歐文在死前三個月寫下：「我希望德國佬有膽長驅直入，把那些遊船、在浴場招搖的人，還有利茲和布拉德福德那些發戰爭財的爛人好好掃乾淨……」

歐文的詩句經常像這樣被援引來挑戰或削弱國殤紀念日的官方程序，但我們對大戰的記憶事實上依賴這兩種反向座標的相互拉抬：無名英雄和無人不曉的詩人。

一八九三年三月十八日，歐文出生於施洛普郡。戰爭爆發後，正在法國教書的他於一九一五年志願加入「藝術家步槍軍團」（Artists' Rifles）。一九一七年，歐文因砲彈休克症而到克雷格洛卡特醫院（Craiglookhart Hospital）休養，在那裡遇見了薩松，受其影響，開始寫下戰爭詩並因而得名。後來他重返法國，在停戰日前一周的行動中陣亡，得年二十五。

喬恩・史鐸沃希（Jon Stallworthy）的《威爾弗雷德・歐文》（*Wilfred Owen*）講述了歐文極短暫的生命，是一部基本傳記。史鐸沃希盡可能公平地分配篇幅給歐文的每個生命

階段，因此當我們進入最令人感興趣的部分，也就是他完成主要詩作的時期，會赫然發現傳記的篇幅所剩無幾。彷彿一個正常生命後續該有的七百頁歷程整個被撕掉。不僅如此，在他生命中的最後幾星期裡，我們看不到作為個人的歐文（他的死沒有任何目擊證詞），只能訴諸於宏觀視角的軍團歷史。多明尼克‧希伯德（Dominic Hibberd）在《威爾弗雷德‧歐文：最後時光》（*Wilfred Owen: The Last Year*）裡某種程度上寫活了這個時期，但這兩本書都停在歐文生命真正開始的時候——他的離世。

歐文在世時只發表了五首詩，分別是〈雅歌〉（Song of Songs）、〈下一場戰役〉（The Next War）、〈礦工〉、〈傷兵船〉（Hospital Barge）和〈徒勞〉（Futility）。艾迪絲‧希特維爾（Edith Sitwell）一九一九年的《轉輪》（*Wheels*）詩選裡出現了七首他的詩；隔一年，由薩松編輯的詩選面世；愛德蒙‧布倫登（Edmund Blunden）所編更為豐富的版本則在一九三一年出版。這意味著歐文的詩並不是以一種**抗議的**姿態獲得大眾注目，而是屬於更大規模的**喪親之痛**的一部分。

　　戰後時期見證了紀念碑在整個英格蘭，以及公墓在法蘭德斯與法國北部的建造過程。隨著一九二〇年代戰爭回憶錄和小說出版的洪流達到高潮，冗長的誌哀期終於在一九三二年於蒂耶普瓦勒舉行的索穆河戰役失蹤士兵紀念碑（Memorial to the Missing of the Somme）落成典禮，正式畫下句點。

　　失落的絲線究竟糾結到什麼程度，從布倫登悼念歐文的方式就可略知一二；一九三一年，布倫登借用國殤紀念的「官方」詞彙，惋惜「多麼偉大的榮耀」隨著歐文的死離開了詩人的世界。

　　停戰後的幾年中，反戰的精神強烈到「就連在戰爭中被屠殺的人也受到某種程度上的指責」，長大後的布萊爾（喬治·歐威爾〔George Orwell〕）如此評論。然而，靠戰爭詩人（特別是歐文）使反戰氣氛從此深根的希望，經事實證明只是曇花一現。

　　克里斯多福·伊薛伍德（Christopher Isherwood）出生於一九〇四年，晚歐威爾一年，他回憶道「我們這些二〇年代中期的年輕作家，或多或少都有意識的受到沒能參與歐戰的

羞愧所折磨」。對伊薛伍德來說，戰爭是「令人魂牽夢縈的病態興趣」的主題，「一種恐怖與渴望的情結」。一旦歐威爾—伊薛伍德的世代「意識到他們錯過了多麼壯闊的體驗」，渴望有時會壓過恐怖。歐威爾續言，西班牙內戰（Spanish Civil War）的吸引力恰巧「在於它和大戰是多麼的相似」。

　　回顧大戰，塞希爾・戴—路易斯（Cecil Day-Lewis）認為「對我這代人來說，〔歐文的詩〕直指內心深處，因此我們再也無法把戰爭看作骯髒、有時甚至是邪惡的存在」。但這個世代還得面對其他的、顯然更糟糕的惡行；因此威斯坦・休・奧登（Wystan Hugh Auden）才在一九三七年的詩〈西班牙〉（Spain）寫下「輕易接受謀殺的罪惡」。正如斯蒂芬・斯賓德（Stephen Spender）在同年的一篇短文中所宣稱，歐文或許已經揭穿了「將死者塑造成英雄，好讓其他人把死亡想像得相當討喜的宣傳謊言」，但這個被揭穿假面具的真相本身，並非毫無吸引力。西班牙戰爭老兵菲利浦・湯恩比（Philip Toynbee）想起歐文的詩「製造出的是對經歷過這麼多的一代人的嫉妒，而非憐憫」。在歐文遇見薩松前，對他

最具影響力的濟慈（John Keats）曾經表明自己「幾乎愛上安逸的死亡」，不過在減少對橫死的恐懼上，歐文顯然做得不多。「即便在我們三〇年代早期的反戰運動中，」湯恩比回憶道：「我們也幾乎愛上了自己厲聲反對的恐怖。」

　　戰爭的現實不僅被有組織的陣亡將士（以及和平紀念碑、無名英雄、兩分鐘默哀、罌粟花等）崇拜所掩蓋。此外，我們對戰爭的認知，以及戰爭認知中內含的相互交織的「神話」與「現實」兩種對立觀念，是在實際敵對狀態結束後的十五年中，透過複雜纏繞的、相互衝突的許多記憶，積極建構出來的。

　　正因如此，對我們而言，這場戰爭似乎不是為了爭奪領土，而是為了爭奪它在後人心目中的印象而開打，亦即這場戰爭真實的目標在於紀念。還在交戰期間就開始紀念，還沒陣亡以前就開始悼念——確實，這整場戰爭似乎並未受到事後回顧的影響，而是在當下就以回顧性的姿態進行著。

　　在著名的前言裡，歐文堅稱自己的主題是「戰爭，以及戰爭的可悲」（而非戰爭的名譽與光榮），但他的主題也能稱為記憶，以及記憶的投射。他的詩不僅削弱，甚至重新定

義了賓揚文字中那些未來會如何回顧的話（「我們將會緬懷他們」）。儘管明顯不合時宜，歐文的詩現在也有如細膩的街頭塗鴉，無形中添在向「英魂」致敬的紀念碑文上。

在鄧弗里斯郡北部的萬洛克艾德（Wanlockhead, Dumfriesshire），村裡的紀念碑是一名立在大理石底座上、正在哀悼的士兵。雕像雙腳下寫著「為國捐軀是如此甜美而光榮」（Dulce et Decorum Est Pro Patria Mori），這句話企圖訴諸的簡單情感，被歐文的詩作不可挽回地扭曲了。舊的謊言有了新的諷刺真相。薩松為自己一九三三年的詩〈揭幕〉（An Unveiling）──一篇寫給倫敦「戰爭毒氣受害者」的諷刺悼詞收尾時，這句拉丁文是如此的歐文風格，彷彿使那更進一步的諷刺扭曲顯得多餘。

　　我們的遺贈

　　看在他們捐軀的份上，重建

　　一座有防炸天頂的大城市，並要求

　　強制的毒氣演習。如此甜美而光榮……

勞夫・海爾・莫特拉姆（Ralph Hale Mottram）期待《西班牙農莊三部曲》（*Spanish Farm Trilogy*）被視為「真正的和平紀念碑與名符其實的戰爭紀念」；理查・愛丁頓（Richard Aldington）希望《英雄之死》（*Death of a Hero*）能成為「對一個世代微不足道的紀念」——然而除了歐文以外，沒有人成功的用自己作品的形象紀念戰爭，就連薩松、布倫登、羅柏特・格雷夫斯（Robert von Ranke Graves）都不行。完美的戰爭紀念碑應該要呈現挺不直腰桿的人們、膝內翻、打瞌睡行軍、跛行、雙目失明、穿著沾血的鞋——這最能說明我們對戰爭永不磨滅的記憶。要不然也可以打造一座歐文本人的雕像，兩者大同小異。

歐文在〈命定殤折青年頌〉（Anthem for Doomed Youth）中處理了自己將留下什麼遺產的課題，詩中預言，這首詩將成為這首詩本身訴求的回應：「要為那些像牛群般死去的人敲響什麼樣的喪鐘？」此時薩松做出了關鍵的貢獻，他在詩的初稿中用「命定殤折」（Doomed）替代了「死去」（Dead），進而讓友人的詩一如賓揚，成為關於那些將會死了的人的詩。布倫登寫過一首標題為〈從一九二一年看見的

一九一六年〉（1916 seen from 1921）的詩——歐文早在四年
前就寫了一打這樣的詩。

○

　〈命定殤折青年頌〉的最後一行提到將整屋子的窗簾拉
下以示哀悼及失去至親的習俗，但這也是一個試圖隱蔽真相
令人不安的畫面，象徵政府與軍方意圖在更高的程序上隱瞞
其罪行不受檢視。這些布幕密不透光，直到內閣報告與戰
爭部紀錄於六〇年代向學者開放為止。然而直到最近，我
們才得知又一個讓戰爭看似以回顧性姿態進行的鮮活例證：
黑格藉由系統性地重寫日記，讓他的盤算能力跟指揮帶來的
實際結果相符，同時把自己的責任減到最低。丹尼斯・溫特
（Denis Winter）極具爭議的努力在政府企圖讓黑格偏好的
事件版本成為正史的過程中造成傷害；他下結論道，「無論
政治或軍事的戰爭正式紀錄都被系統性地扭曲，戰時作為宣
傳，戰後則成了信史。」而溫特從加拿大與澳洲檔案中挖掘
出的大量資料，也凸顯了交付給英國公共檔案部的文件，是
如何被有效的「審查過，好除去和官方說法牴觸的文件」。

即便到了拉起簾幕的那一刻，突然竄入的燈光所揭露的也只是掩蓋、消失的有多少，而且將持續遭隱匿不見天日。

　　溫特執拗地爬梳黑格的紀錄，以及其中隱含罪嫌的諸多漏洞，摧毀了黑格僅存的名聲；對於歐文，一個類似的過程則朝反方向進行。他的手稿經由史鐸沃希仔細整理，幾乎每一行詩的每個不同版本如今都能看到。二十世紀的英國詩人當中，沒有誰的作品曾在死後獲得如此全面的編輯、保存，或廣泛收入到詩集彙編中——雖然葉慈（William Butler Yeats）曾出了名地將歐文排除在《牛津當代詩集》（*Oxford Book of Verse*）之外（其理由根據在於「消極受苦並非詩的主題」）。二〇年代，黑格的聲譽被保存在官方製造的保密真空中；無獨有偶，歐文的生活以及他作為詩人的發展過程也全然不為人知。薩松在一九二〇年版的歐文詩集中明確表示，除了詩作，任何「有關歐文的對話、行為與外貌的紀錄，都是不相關也不恰當的」。直到布倫登所編輯的版本面世以前——這個版本包含大事記以及書信選粹——用菲利浦・拉金（Philip Larkin）的話來說，歐文看來「幾乎是為了維護憐憫與人性，而被大戰史無前例的獸性召喚出來

的靈魂」。他的詩「在與世隔絕的情況下存在了十年，彷彿憐憫之神（The Spirit of Pities）在某種新版《統治者》（*The Dynasts*）[7] 裡的發言」。[8]

在二〇年代早期，除了人命損失的規模以外，每一件與戰爭有關的事都懸宕在真空中，而所有紀念碑與國殤紀念儀式則以許多不同的方法，嘗試填補這個真空。丈夫、兒子與父親消失了。真相消失了。四處都是排山倒海的匱乏感與缺席感。唯有「悲傷、死氣沉沉、靜止的死亡柩衣懸掛在整個英國之上」。

對一個受悲痛震撼的國家來說，歐文身後出版品其中的遲來預言，使他彷彿在墓穴的另一端開口說話。紀念碑象徵了

7　編注：托馬斯・哈代（Thomas Hardy，一八四〇──一九二八）的英語詩劇，發表於一九〇四至一九〇八年之間，由三部、十九幕、一百三十一分段組成的鉅作，哈代稱之為「現存史上最長的英語戲劇」，故事主題是拿破崙戰爭。

8　這兩句引文都來自於一封信，拉金在信中趁著評論史鐸沃希的歐文傳記的同時，對於我們目前所擁有的越來越清楚的歐文形象，提出了簡潔的看法：「威爾弗雷德・歐文是個混帳，但他的詩好沒話說。當然啦！他也是個勇敢的混帳。我就不可能朝三十個德國人揮舞左輪手槍，還因此拿到軍功十字勳章。但他不是那種傳說中詩意的蒙斯天使（Angle of Mons），或者說索穆河天使。」

死者在二〇年代朝英格蘭所投下的一道陰影；另一道陰影是對招魂術激增的興趣。歐文是媒介，消逝的人透過他發聲。

○

他們將會死了：這種未來完成式不僅出現在歐文的詩裡（他在皮夾裡隨身攜帶戰死者與傷殘者的照片），也出現在戰爭的照片裡。用羅蘭‧巴特（Roland Barthes）的話來說，這兩者都是「反方向的預言」，雖然他說這些話的時候想到的只有照片。抱持這種想法，就像約瑟夫‧布羅茨基（Joseph Brodsky）思忖著奧登的照片時，「我不禁自問，一種藝術形式能否描繪另一種藝術形式，視覺的藝術能否領會語意學的藝術。」

在今日，我們很難想像大戰的色彩。就連當時的詩也是用單色描寫戰爭，譬如伊佛‧葛尼（Ivor Gurney）的〈痛〉（Pain）：

單調的灰色
讓灰色天空更顯沉重，灰泥上走過

成排濕透草人組成的灰色大軍⋯⋯

「我還是一樣,更常用黑白而不是彩色作畫,」保羅・
克利(Paul Klee)在一九一七年十月二十六日寫著。「眼下,
顏色似乎已被耗盡。」就像那些在索穆河戰役第一天拍攝的
照片,許多照片都是在柯達藍的天色下拍攝的,不過就算當
時有彩色底片,在我們看來,照片所呈現的場景依舊是褐色
調。隨著時間逐漸凝固,就連鮮血看起來也是灰褐的。

　　像這樣的照片不只忠於過去;它們是屬於過去的照片。
照片中行軍的士兵彷彿踩著大步,穿越了往日的「巨大沉
默」。這些照片是反彩色性的。它們拒絕離開過去──而過
去是褐色調的。彼得・波特(Peter Porter)在他的〈索穆與法
蘭德斯〉(Somme and Flanders)一詩中記錄著「那些哈姆斯
沃思(Harmsworth)出版的書染了褐色」;維農・斯坎尼爾
(Vernon Scannell)在《大戰》(The Great War)裡提到了停
戰日是在「褐色的十一月」裡。

　　正如吉爾伯特・阿戴爾(Gilbert Adair)所暗示,如果奧
登描寫三〇年代的詩不知為何是「黑白的」,以此類推,歐

文的詩就是褐色調的單色照片。這些詩無法塗上色彩；就像
照片，它們也是反彩色性的。

　　遍看所有紅色的事物，

　　他們的雙眼擺脫了

　　血色的傷害，直到永遠。

　　在布倫登的詩裡亦然，「鮮紅」、「大馬士革紅」、
「粉色與白色」的玫瑰和「金黃色」的雛菊都不存在。

　　……顏色的選擇

　　很少正確；這紅該暗些。

　　世界已經炸毀了自己的顏色。褐色，也就是泥濘的顏
色，成為了戰爭的主色調。戰役讓地景成褐色。「這一年看
來是棕褐的泥土色」，提摩西・芬德雷（Timothy Findley）如
此描寫一九一五年，「就像照片中那樣泥濘」。

　　回到先前的主題，這正是為何人們列隊從軍的照片看似

已經被還沒發生的遭遇損傷的原因：它們已經染上了壕溝與法蘭德斯泥濘的色彩。一九一四年的招募兵有著亡靈的容貌。他們排隊等著被屠殺：他們早就死了。

拉金的〈一九一四〉（MCMXIV）用一張「長長的、參差不齊的」參軍隊伍的照片做引子——在〈出發〉（The Send-Off）這首描寫招募兵登上火車準備前往法國的詩中，歐文清楚表達了這種代表性感受：

> 沿著暗下來的沉悶小巷，他們一路唱著歌
> 朝鐵軌盡頭的車棚去……

頭兩行詩中士兵離開時的景色，是對應最後那句「鮮少有人」能回到「人煙稀少的路上」的不祥預兆。出發的那一刻，他們已經行軍穿越了哀悼的景色。一九一四年的夏天蒙上了緊閉窗簾的幽暗。登上火車前，他們就已加入陣亡的行伍：

> 他們胸前別滿花圈與花飾的白
> 好像人已經，死了。

不過歐文的詩可不僅止於此。對我們來說，列車被拉進未來，遠離了大戰，彷彿綿延進入另一場更晚近的大屠殺記憶之中：

> 那時不為所動，暗號點了點頭，街燈
> 朝衛兵揮手。
> 他們如此隱密地出發，彷彿掩蓋錯誤。
> 他們不是我們的人：
> 我們從未聽過這些人被送去哪條戰線。

「每一張死灰臉孔凝視而出的痛楚」

相較於屠殺的規模，從大戰中倖存的英國戰死者照片少得不成比例。[9] 對報導的限制是主要的原因。只有官方攝影師

9　這和美國內戰呈現強烈對比；比方說，Ｔ・Ｈ・歐蘇利文（T. H. O'Sullivan）一八六三年的照片「死亡的收成」（A Harvest of Death）就呈現死者散遍蓋茨堡

獲准進入前線；一般報社攝影師幾乎全被排除在戰區之外；
前線將士本身也不被鼓勵攜帶照相機（或寫日記）。

　　實際拍攝的照片全都要受嚴格的新聞審查，好讓不利於
戰時努力的影像找不到付印的門路。檔案也在戰後受到審
查，因此英國陣亡者的照片數量又被進一步削減。[10] 如同所
有最為有效的控管方式，這些接二連三的手段並非單純遏
止，而是彼此協作。這些手段定義出那些據稱決定了手段內
容的標準，同時反映、建立並延續了國家、攝影師與公眾之

（Gettysburg）原野。

[10] 先前造訪帝國戰爭博物館（Imperial War Museum）的經驗，讓我開始懷疑這種
「粉飾」仍然持續至今。大戰中的照片根據主題分門別類，然而，儘管「破壞」
的主題下有著大量的歸檔，卻沒有類別是給「死者」或「傷者」，或其它任何
我能想到的標題。我偶然碰到一張戰死士兵的照片。下面打上「移到傷亡者相
冊」。另外用紅色筆跡寫著附注：「禁止販售重製」。建立好正確的類別名稱以
後，我移步回到主題目錄，但正如我所料─沒有傷亡者相冊。確信自己無意間
撞見了檔案遺失陰謀的典型例子以後，我用疑惑而無辜的口氣，向其中一位助
理表明我似乎找不到所謂的傷亡者相冊。

「啊，傷亡者相冊，」他說。「在隔壁間。我馬上拿來給您，代爾先生。」顯然，
可以追溯到二〇年代的紅色禁制章讓死者的親人不會在早報上偶然看見心愛之
人殘缺不全的照片。開口的幾分鐘後，檔案就自己出現在我的桌上；它被長久
棄置；單獨存放以示得體。

間對於什麼是許可範圍的基本默契。

保存下來的照片呈現單一或一小群的死亡士兵。它們完全表達不出東部戰線上德國陸軍元帥所記錄的死亡規模：

　　大戰的統計冊上，記錄俄羅斯人傷亡的頁面被撕去了。人數不明。是五百萬，還是八百萬？我們自己也不知道。只知道當時和俄羅斯人作戰，我們得從自己的戰壕前把敵軍的屍堆移開，好在對抗下一波突襲前清出開火的空間。

　　西部戰線上，索穆河戰役結束的數個月後，約翰·梅斯菲爾德（John Masefield）寫下死人如何依然「疊了三、四層深，蒼蠅讓他們的臉看來都是黑的」。

　　失蹤者的照片本身就不見蹤影。

　　通常出現在前線照片中的不是死人，而是見證過死亡的人。像這張廣為人知的、一名深受戰鬥疲勞（battle fatigue）所苦的士兵照片（見下圖）。這表情傳達了什麼？很難說，因為任何說明都得經由其反面說詞驗明：這裡有對同情心的

強烈懇求——也有對我們回應的全然漠視；不帶控訴的責難；渴望正義，又對結果漠不關心。

他見過什麼？

我們就像那位詩人的姐姐，伊莎貝·韓波（Isabelle Rimbaud）一樣凝望這張照片，她在一九一四年八月提水給一群脫離戰場的疲憊士兵。「他們從哪兒來？」她思忖著。「他們看見了什麼？我們很想知道，但他們什麼都不說。」

這張照片同樣安靜無聲。它對我們的凝視免疫。我們看向這人的雙眼，對他曾見識過的一切難以名狀。

歐文在一封一九一七年最後一天所寫的信上，向母親寫道他在埃塔普勒（Etaples）時曾在士兵臉上發現「非常奇怪的表情」。他說那

是個難以理解的表情，在英格蘭的人絕對無法看到……。不是絕望或恐懼，它比恐懼更令人害怕，因為它是一種盲目的樣貌，沒有表情，像隻死掉的兔子。

這表情不僅畫不出來，也沒有演員能揣摩。為了形容它，我想我得回頭和他們待在一起。

望向海峽那端，在歐文還沒真的回頭以前，他從泰戈爾那兒摘錄了一段最喜歡的段落：「當我就此別過，讓這作我的離詞，說我所見識無法超越。」歐文的詩幾乎全是對實際見聞的關注：

……彷彿在翠綠的海底，我見他沉沒

在所有的夢中，就在我無助視線前，
他鑽向我，載浮載沉，窒息，沉沒。

他說，他去法國是為了幫助他的部下，透過對他們的領
導與「間接關注他們所受的苦，我或許能像個辯護人那樣為
他們喉舌」。藉此，他反覆陳言自己作為目擊者的可靠性。

我看著他們受叮啄的脊背彎曲、成圈，再拉直，
我注視著那些死前的痛極蜷曲、求救，再躺平。

他時常聚焦在他所見的人們「遲鈍而圓睜的雙眼」──就像
上面引自〈麻木〉（Insensibility）中的段落──這些人因自
己所看見的一切而失明：

愛人呀，你雙眸失掉了誘惑
當我看見代我而盲的眼！

「長官啊，我的眼睛——我瞎了——我瞎了，我瞎了！」

我哄著他，拿火靠近他的眼皮

說只要他能見到一絲模糊的光

他就沒瞎；到時他就能康復。

「我看不見，」他抽噎著。眼球，腫脹如章魚眼，

還看著我的夢……

　　他詩中的憤怒其來有自：來自於看見了平民百姓在本國絕對無法想像會看到的現實。這憤怒在〈如此甜美而光榮〉的轉折段落，得到它最激烈的表達：

如果在若干窒息夢境，你也能緊跟在我們將他扔進的

馬車後邊，

看他臉上發白的雙眼劇烈翻轉……

　　第一次世界大戰最有名的詩人歐文寫道，他「不在乎詩意」。羅伯特・卡帕（Robert Capa），第二次世界大戰最有名的攝影師，宣稱他「對拍漂亮照片不感興趣」。西班

牙內戰期間，他拍下了史上最有名的戰爭攝影，其中呈現共
和派一名士兵正在死亡。在他拍攝的第二次世界大戰照片
裡，我們幾乎能在房屋裡、街道上無意間就撞見死人。一張
來自一九四四年十二月的照片，透過光禿的樹木、牛群、棚
舍呈現了冬日的冰封景象。有個美國大兵穿越這張照片，朝
躺在原野中間的一具屍體走去。一段距離外，在畫面的邊緣
之外，在下一張照片裡，還會有另一具屍體。換言之，我們
透過卡帕的照片，沿著屍體的蹤跡前進。最終，這路會指引
我們走向位居二十世紀核心位置的大規模死亡的照片：集中
營裡堆疊的屍體。卡帕個人完全無意拍攝集中營，因為它們
「擠滿了攝影師，而每一張新的恐怖照片都只會減損整體的
效果」。

　　狄奧多・阿多諾（Theodor Adorno）曾說過奧許維茨
（Auschwitz）之後再沒有詩這樣的名言。但他忘記補上一
句，還有攝影。

　　自集中營以降，我們還看了成千上百的死人照片：它們
來自柬埔寨、貝魯特、越南、阿爾及利亞、薩爾瓦多和塞拉
耶佛。第二次世界大戰後，「卡帕的作品」比較少單指他個

人——反正羅伯特・卡帕本來就不是真名——而更常讓人聯想到他那一類的攝影。原作已在數以百計因他而起的複製品裡消融。死人的照片現在並不值錢。越來越多新聞會警告觀眾，報導中某些影像可能造成不悅。我們這時代不僅是個從美國總統到無名農夫任何人都可能在死在影片裡的時代；某種程度上，這已經是個人們只會死在影片裡的時代了。我和很多人都一樣，在影片中看過數以百計的屍體，現實生活中卻一具都沒看過：正好和大戰的典型經驗完全相反。

　　從那之後，攝影的潮流已經由直視見識過死亡的雙眼，轉而變成透過他們的眼睛來觀看。

○

　　側身，跨坐馬背，正準備把水送往前線——這是一張我外祖父的真實照片。另一個相框裡有四枚勳章夾在玻璃中間，和一張他隨意站著的照片。一枚勳章上繫著七彩的勳帶，寫著：為了文明的一場大戰，一九一四年至一九一九年。另一枚則連著褪了色的橘黃臂章，帶著藍邊，勳章上有名坐在馬背上的人策馬越過一副骨骸。看著這些勳章，我有

種感覺，好像它們無論如何都會被發送：它們是紀念品，確保沒人會空手離開，確保每個人都有能展現痛苦的東西。

戰爭期間任職證明書
（陸軍表格Z. 18）

軍團號碼201334　軍階：二等兵

姓氏：都鐸（Tudor）

完整教名：傑佛瑞（Geoffery）

所屬軍團：吾王施洛普郡輕步兵團（King's Shropshire Light
　　　　　Infantry）

團職務——兵屬：運輸〔後一字字跡模糊〕

入伍前從事職業：農場工人

是否受軍事訓練課程、職業陸軍學校課程，或任何認證：無

特殊評價，幫助一般求職用：沉著可靠。優秀的馬伕與車伕。將他負責的動物照料得很好。

簽名：〔名字無法辨識〕少校

　　這種證明書的歷史就是我的家族歷史。

　　沉著可靠——在兩場世界大戰中，這個特質使我們與眾不同。

　　我的父親在被格羅斯特飛機公司（Gloster Aircraft Company）於二戰後裁員之前，也曾獲得類似的評價。幾年後，當他再度成為冗員時（年屆耳順），又一次因為二十多年來所展現的沉著可靠而受到表彰。

　　「將他負責的動物照料得很好。」填這份表格的少校大概在描述一頭動物。「沉著可靠」——像條狗。用這特質去找份工作吧。帶著我的祝福去外面的世界吧。

　　我之所以能夠擺脫我父親與外祖父曾展現的特質，證明書扮演了重要角色。畢業後，我帶著A Level證書和在班上名列前茅的證明進了牛津。畢業時，連張證明我曾在那讀書的證明都沒有。我進入了一種視證明書和推薦函為理所當然的生活方式，無須強調，卻又無所不在，因此可以擺脫掉它們。

　　外祖父這份表格開啟了我對家族最深刻的血緣感受——不只是我對家人的愛：包括我的階級感受，我的抱負，我的

忠誠。那張表格，陸軍表格Z. 18，是這本書之所以（以此形式）如你所見的原因。

「柔軟：披在動物和憐憫身上的什麼，在柔軟上的什麼……」

在戰爭的影片和攝影裡馬匹俯拾皆是。多到你很容易以為自己在看早期西部片，背景設定在美國內戰特別淒涼的一段時間。漢普斯特（Hampstead）的聖猶大教堂有座紀念碑，紀念戰爭中被殺的三十七萬五千匹馬。在《西線無戰事》（*All Quiet on the Western Front*）裡，一陣砲彈雨後，空氣中充滿了受傷馬匹的嘶鳴。其中一匹馬的腹部撕裂開。牠和自己的腸子糾纏在一塊兒，絆了一跤，又踉蹌站起。「告訴你，」其中一名士兵說：「帶馬上戰場是最邪惡的卑鄙行為。」[11]

充斥在空氣中的嘶鳴比人的哭喊還慘，人「沒辦法哭得這麼可怕」。士兵們「可以承受幾乎任何事」，但故事中的

敘事者保羅在一段預言了畢卡索《格爾尼卡》（*Guernica*）的
句子裡聲稱，這「是不可承受的。這是世界的呻吟，這是殉
難的萬物痛到發狂，充滿恐懼，於是哀嚎。」

○

縱觀歷史，馬在紀念碑上扮演的角色一直是把聖喬治
（St. George）撐起不被惡龍抓住，或是把凱旋的將軍抬高到
比生活中來得更有威勢的高度。無論哪種情況，馬都是作為
雕像底座的延伸。[12]

在索穆河畔的希皮利（Chipilly），由亨利·戈齊（Henri
Gauquié）建來紀念第五十八（倫敦）師的雕像是關於一名
士兵和他受傷的馬。馬兒雙腳不支跪地，轉動的雙眼充滿恐

---

[11] 戈馬克·麥卡錫（Cormac McCarthy）的小說《所有漂亮的馬》（*All the Pretty
Horses*）裡提出了相反的觀點：「他提到他在墨西哥沙漠裡的戰鬥，告訴他們他
殺掉的馬，他還說馬的靈魂比人們以為的更貼近人的靈魂，而且馬也愛打仗。
有人說馬這只是訓練出來的，但他說沒有哪種生物能學會自己內心沒法把握的
東西。」

[12] 最後一尊在倫敦豎立起的騎馬像，是一九三四年的黑格伯爵像。

懼。士兵用手環過馬的脖子；另一手輕撫牠的下頜，以前臂托著牠扭動的頭。雖然安撫受傷的馬兒得用上士兵全身的力量，但他仍像對待愛人般輕柔地將雙唇貼在牠的臉上。他們看來都快要陷進下方的石雕泥巴裡。

「優秀的馬伕與車伕。將他負責的動物照料得很好。」

「這些可憐的馬兒……」康斯坦丁

○

馬車伕照料被他帶進戰爭裡的受傷馬匹。將自己形容成「牧夫」或「牧羊人」的歐文，也像「牧牛人」那樣照料自己的弟兄。在戰鬥中，士兵在「如同牛群般」死去以前「被趕離爆炸／咻碰的一陣風」。保羅・福塞爾（Paul Fussell）記錄道，「當其他階級穿著政府發送、羊毛在外的羊皮大衣時」，戰爭寫作中常見軍官有如牧羊人而其他階級有如綿羊的意象，便格外含沙射影。誠如戰爭裡常發生的那樣，現實總是領先隱喻一步：一九一七年，法國陸軍幾個軍團往前線行軍，像小羔羊般在前往屠宰的途中咩咩叫著。

薩松在同年稍早曾評論軍隊在往法國的路上看來「快樂得像頭笨牛……他們不是『出去』主動做些事情，而是讓事情在他們身上發生」。另一個幾乎如出一轍的說法是，溫德海姆・劉易斯（Wyndham Lewis）認為海明威（Ernest Hemingway）描繪出一種由戰爭創造的全新人種，這種人「過著或傾向過著不為人知的生活。他身處讓事情在他們身上發生的各種軍階當中──那全是些可怕的事情，而他卻理

所當然的逆來順受」。

　　四分之三個世紀之後，班乃迪克・安德森（Benedict Anderson）透過更廣泛的歷史脈絡清楚表達了類似的感想：

　　　　這個世紀的大型戰爭之所以超乎尋常，不是因為它們在前所未有的規模上容許人們去殺人，而是居然有無數的人被說服放棄自己的性命。被殺的人數不是明擺著遠遠超過殺人的人數嗎？

　　這些（死亡）數字所代表的人和他們的死劫相遇的方式，既證實也強化了這個說法。西部戰線百分之六十的傷亡來自砲擊，而掩體是步兵面對砲擊的唯一屏障。砲火將步兵從衝突中的主動參與者，轉變成幾近被動的受害者，承受著隨機落在身旁的爆炸威力。「承受砲擊，」路易斯・辛普森（Louis Simpson）後來陳言：「其實是身為步兵的主要任務。」

　　就連扮演死神化身的砲兵部隊軍官也不過是戰爭機器手上的工具，用來校準、調整某個破壞力早已內建、預設好的設備。真正的侵略者是工業技術本身。「不是為了對抗軍事

設備而與人戰鬥，」法國最高統帥貝當（Pétain）喜歡這麼說：「而是向役使了人的**軍事設備**開戰。」

　　如果砲擊意味著膽量將逐漸由忍耐而非豪氣所組成，毒氣的使用則將士兵打入無法忍受的無助境地。只要攻陷敵方機槍陣地，由之而來的威脅也立即解除。可是一旦遭受毒氣攻擊，所有士兵只能聽天由命——就連發起攻擊的人也是。

　　相較於後來出現的光氣與芥子氣，首先出現的致命毒氣——氯氣，是種效率不彰的武器。朝手帕裡撒泡尿再透過它呼吸——就像芬德雷的小說《戰爭》（*The Wars*）裡，羅伯特・羅斯（Robert Ross）說服他的弟兄做的那樣——往往就構成足夠的保護。面對傷害皮膚、眼睛及肺臟的芥子氣，沒有可行的防護措施。由於閃不掉、擋不了也逃不開，芥子氣不僅消滅了英勇的潛力，就連傳統上英雄事跡賴以彰顯自身的暗黑後援——怯懦，也不再可能。

　　芥子氣是設計來折磨而非致死的毒氣。光氣無色而致命，比氯氣的威力強十八倍——但有效的防毒面具很快就出現了。保護士兵的工業技術正是發明新方法摧毀士兵的同一個工業技術，他們只能聽憑擺布。

　　這個世紀的樣板已經設定完成：傳統的戰士如今成為工廠、實驗室的戰爭試驗用白老鼠。畏縮成了被動形式的英勇。大戰中的士兵越來越像二戰中躲空襲的平民。「英雄成了犧牲者，犧牲者成了英雄。」常言道：人們不再發動戰爭；是戰爭在人身上開打。戰爭初期的狂熱是否在一九一六年秋天將自己消耗殆盡顯得不再重要；彼時，衝突早已獲得了勢不可擋的內在動能。

　　儘管看了安德森的主張，所有的一切都慫恿我們忘掉踢著正步前去為國捐軀的男孩們，原先是期望去為自己的國家殺人的。我們總是習慣性的想到戰爭中的劊子手，卻忘了被屠殺的人本來也是劊子手的候選者。像歐文、薩松與格雷夫斯等抗議詩人即便憎惡戰爭，卻依然各自為了非常不同的原因繼續打仗。希伯德已經指出，為了頒發軍功十字勳章給歐文，官方的嘉獎令提到他曾「親手操縱占領的敵方機（關）槍……並帶給敵人相當程度的重創」；在《書信集》（Collected Letters）中，歐文的家人把嘉獎令改寫得較為溫和，他「親自占領了敵方機關槍……並俘虜了一些人」。薩松任憑自己喪心病狂的暴力一次次發作，同時也對戰爭釋放

他內在的扭曲壓力感覺厭惡。格雷夫斯回想起自己「從沒見識過像〔薩松〕這麼能衝鋒陷陣的人——我殺過的，或是因我而間接被殺的德國人，人數幾乎完全沒法和他的大批屠殺相比」。

又一次，巴比塞率先在虛構作品中不單純就戰爭讓人所遭受的痛苦，而是對人在戰爭中讓他人遭受痛苦的能力提出抗議。在《砲火下》的最後一章〈黎明〉裡，一名士兵把自己和同袍總結為「難以置信的卑鄙流氓，同時還是野蠻人、禽獸、土匪和下流的惡魔」。緊接著這群「受難者」的其中之一簡短說道：「我們一直都是殺人凶手。」整群受苦的殺人凶手齊喊著「軍人的天職多麼可恥，把人一個個變成愚蠢的受害者和可恥的畜生」。

什麼時候
仁慈能再次獲得如斯力量？

戰爭持續存在影響力的原因之一，就在於同情與善意在

如此暴行與屠殺之中不僅沒有枯萎，反而時常綻放。

　　戰爭中最令人動容的片段總是與士兵突然醒悟並意識到敵人和自己有共通的人性有關。這經常是由最簡單的動作所引起的——一名敵方士兵拿菸給俘虜抽，或是用自己的行軍水壺給他們水喝。一九一四年聖誕日這天，一整條西部戰線沿線都休戰了。在某些情況下，特別是在雙方壕溝線的間距很短的地方，休戰逐漸心照不宣地擴大成「給自己和別人一條活路」的方針，雙方都自我克制，不去挑起另一邊的敵意。「對任何一方來說，轟炸另外一方，」查爾斯・索利（Charles Sorley）早在一九一五年七月時就意識到：

　　　　對長久以來支配著相距一百碼內戰鬥員關係的不成文規定是種無益的侵害；這些人發現給對手帶來困擾，不過就是拐彎抹角地給自己帶來困擾。

驚恐地察覺自己在敵人身上施加的痛苦，善意因而泉湧而出的那一刻，則是最讓人心酸的一幕。德軍一名營級指揮官回想起一九一五年九月，當英國人開始從洛奧（Loos）的戰場

上撤退時，「一整天下來德軍戰壕沒有向他們開任何一槍，在一場大勝後給予敵人同情與恩惠，感覺真的很好。」

　　亨利‧威廉森（Henry Williamson）想起曾偶然撞見

　　一個薩克森男孩被壓在擊毀的坦克下，慘白的嘴唇嗚咽著「媽媽、媽媽、媽媽」。一名腳上有傷、坐在一旁的英國士兵聽見，拖著自己的身軀到垂死的男孩身邊，握著男孩冰冷的手說：「沒事，孩子，都過去了。媽媽在這陪你。」

　　這類插曲散見於戰爭回憶錄與口述證詞的每個角落。平民百姓為求鮮血與勝利而咆嘯；與此同時，前線戰鬥員卻成為其民族意志的被動工具。用亞瑟‧布萊恩（Arthur Bryant）的話來說：

　　德國百姓唱著針對英格蘭所特別譜寫的恨意頌歌，而在世界上最文明的國家，溫和無爭的英格蘭紳士與女士，連盛怒中的拳打腳踢都沒見過，現在卻一提到和平

　　就訕笑，談論日爾曼民族就像是提起一群野獸。只有戰
線本身不存在仇恨：戰線上唯有煎熬與忍耐：死亡和無
止境的消耗。

　　在《砲火下》裡，失散的法軍生還者和德軍小隊在泥濘
中肩並肩睡去。筋疲力竭之下的團結時刻，逐漸發展成蔚為
風尚的友愛願景，令戰爭無以立足其中。戰壕中的經驗讓巴
比塞開始想像可能出現於未來的社會主義——和平主義。
有鑑於此，一九一七年春天撼動法國軍隊的譁變就像革命
的不平預兆。叛變弭平，紀律回復，伙食與放假等情況也改
善了。然而，情節相似的經驗也可能導致更加極端冗長的不
滿，就像「被戰爭蹂躪過的人……認同社會主義傳統經改良
後的理念的人，大地崇拜，以及從壕溝爛泥裡滋長的暴力滋
味」都會從衝突中浮現出來。
　　「根本是個笑話，」聽到戰爭已經結束時，一名德軍士
兵如此評論。「我們自己就是戰爭。」

○

　　一九二一年在倫敦舉行的停戰日儀式被一場失業者的抗議行動打斷，他們的標語牌寫著：「死者受到追憶，而我們被遺忘。」一九三二年（布倫登版歐文傳記出版後一年），在他身後出版的《最後詩作》（*Last Poems*）的其中一首詩中，D·H·勞倫斯（D. H. Lawrence）展現了對三〇年代日益深化的抑鬱與政治動盪的先見之明，彷彿傳達無謂犧牲、「怨聲載道、忿忿不平聚集」的死者們「出竅的憤怒」。雖然並未點明，但這些「不悅的死者」與戰爭脫不了干係。以十一月的「死者之日」為背景，這首詩給人一種印象，彷彿曾經通過和平紀念碑前的死者代理人大軍，現在也加入了由大失所望的人、失業的人、身無分文的人所組成的大批行伍。結束一切戰爭的戰爭將無情地引起另一場戰爭；一個讓民主安身立命的世界，卻充滿了不悅的死者的背叛：

　　啊，但要小心，小心氣憤的死者。

　　他們知道，他們知道我們當今苦難有多少

　　來自氣憤、無法瞑目的死者

　　他們被從生命中推擠出去，而今回來找上我們

　　怨念，怨念，因為我們將見死不救。

　　面對失業、通貨膨脹，以及其他承平時期的無禮與困窘，戰壕中的有難同當，為整體歸屬感提供了幾近神話的化身：加入一個由平等個體組成的階級森嚴的社群。對於在德國體現此一理念的運動來說，和平是戰爭的延續，是為達成戰爭目的的手段，最終將在暗潮洶湧的二十年戰間期之後，全面捲土重來。

　　薩松曾記載，當士兵得知他們得捨棄自己的選擇、聽從軍隊的命令時，幾乎樂得手舞足蹈起來；納粹主義把個人意志納入帝國的、元首的意志中。意識形態的誡命，是從軍隊灌輸到自己士兵身上的服從的軍事理念所建立起來的。

　　「第三帝國發跡於戰壕，」魯道夫・赫斯（Rudolf Hess）如是說。但服從作為理所當然的英勇理念，也在戰壕裡終結。索穆河戰役中一名英國生還者記得

　　戰爭如何改變了我——改變了我們全部……每個人都應該受這套軍事訓練。這對他們好，讓他們服從。現在

　　有些年輕人，他們需要服從。他們不懂什麼是服從。我
們的一生全是服從。

　　這段文字裡有它自己固有的矛盾，在企圖維護之處屈
服，心照不宣地承認正是大戰的經驗讓服從與奴役變得親近
難分。自此之後，服從就有了屈服與串通的某些特質──這
在猶太人大屠殺時達到高峰，對受害者或加害者都一樣；
而所有相關的英勇事蹟，都帶有拒絕、造反和反抗的某些
特質，反抗正是下一場大戰的關鍵詞。勞倫斯曾在康瓦爾
（Cornwall）的補充兵當中注意到這種勇氣所具備的順從特
質：「他們全都這麼勇於受苦，」他在一九一六年七月寫
道。「但卻沒有人有勇氣，拒絕受苦。」

　　或許一九一四至一九一八年的真正英雄，是那些拒絕服
從、拒絕戰鬥的人，他們主動拒絕戰爭加諸於自身的被動處
境，重申自己免於折磨的權利，絕不讓事情發生在自己身
上。

　　這正是為什麼，儘管歷經了一連串繞路、轉錯彎和調頭
迴轉，我還是堅持要找到巴約勒蒙（Bailleulmont）村的原

因。

　　在那裡的公共墓園，在遠離一團亂的平民墳墓處，藏著幾座軍人墓碑。不尋常的是，這些墓碑是用棕色的石頭做成的，其中一塊刻著：

10495 二等兵

A · 英厄姆（Ingham）

曼徹斯特軍團

一九一六年十二月一日

黎明時受處決

第一批入伍者之一

他父親

優秀的兒子

　　就像其他三百多個人，葬在巴約勒蒙這兒的四名士兵，是因為擅離職守或臨陣退縮而被處決的。其中兩個人英厄姆與阿爾弗雷德 · 隆蕭（Alfred Longshaw）是朋友，一起在索

穆河服役，一起離守，一起被處死，現在也躺在一起。多年來，英厄姆的家人相信他單純是「因傷陣亡」——一如其他受刑士兵的墓碑碑文所稱，但當他的父親得知真相後，便堅持將上述碑文加到墓碑上。

　　不久前，一場寬恕受處決逃兵的運動展開了。一封刊登在《獨立報》（*Independent*）的信，為我們心目中英勇概念的改變提供了生動描述：

　　　我父親在第一次世界大戰中備受嘉獎——傑出服務獎章，軍事獎章，並曾三次在戰報中受到表揚。但我父親最自豪的時刻，是在押送逃兵去晨決時讓他逃跑的那一刻。這並非事後諸葛，而是一名曾身處前線所有險境，更在過程中失去自己四肢之一的人所做出的判斷。

　　逃兵之墓變成了英雄之墓；榮耀不在於盡忠職守，而在於惻隱之心造成的失職。[13]

---

[13] 一九九四年五月十五日，一塊寫著「獻給所有那些曾經高舉，以及持續堅持拒

「我看過他們，我看過他們⋯⋯」

戰爭繼續，有影像，沒聲音。同樣的表情，同樣的戰場。人們向前線行進，揮舞著鋼盔。砲火彈幕。一堆輜重：子彈、砲彈、補給。在戰壕裡打鬧。用便餐。更多行軍。更多砲火。更多攻擊。抓到頭幾個戰俘。零星的傷亡。呈受猛烈砲擊的景象（有地雷爆炸坑的特寫）。破碎的村莊。傷員步行返回。大批的部隊，帶著那些慘遭剃光頭的德佬戰俘回來⋯⋯

我人在帝國戰爭博物館（Imperial War Museum），看館藏的戰爭紀錄片。每部片看來都跟其他的一模一樣。它們的形式就跟拍攝地點的壕溝戰僵局一樣固著。

攝影機停止了一切。士兵們沒法不盯著它看。戰前講道時沒人理會隨軍牧師：每個人都忙著看攝影機。一邊看還露齒笑。這場戰爭就是開口笑競賽，而協約國笑到了最後（德

絕殺人之權利的人」的紀念碑，在倫敦的塔維斯托克廣場（Tavistock Square）揭幕。碑文繼續寫道：「他們的遠見與勇氣帶給我們希望。」

國佬只堆得出慘笑）。唯有傷得最重的士兵——事實上我們根本沒真的看到他們——才能拒絕對著鏡頭咧嘴笑。對鏡頭這麼敏感，無可避免會帶來一些糟糕透頂的演技。沒有什麼比《索穆河戰役》（*The Battle of Somme*）（一九一六年八月二十一日首次上映，社會大眾皆震驚於其畫面之寫實）裡，部隊正要爬出壕溝的連續鏡頭還糟；這個假到出名的畫面，事實上是在訓練場上拍的。士兵倒下，死亡，回頭看向鏡頭，然後將雙臂在自己胸前整齊地交叉。

　　相較之下，抽菸的畫面極具說服力。每個鏡頭中至少有一半的人在吞雲吐霧。他們菸抽得多到讓你覺得，他們正在努力增強面對可能的毒氣攻擊的抵抗力。在我們眼裡，這些影片是復古的香菸廣告。尤其這些菸槍當中，有一大部分距離被炸得粉碎只剩幾天或幾小時，因此二十年後得肺癌的可能性反倒成了奢侈的妄想。此外，那些煙霧、毒氣、砲火、噪音、潮濕以及衛生和排水的糟糕條件，在這些影片裡，戰爭似乎是以忽略士兵的健康為其特色。

　　更值得注意的是，這也不會帶來太嚴重的後果。阿戴爾曾指出，在好萊塢的越戰電影中，「每個美國人角色在碰巧

發現自己身處鏡頭範圍內時，都已經身處險境了。」在這個第一次世界大戰的紀錄片視角裡，鏡頭畫面是安全的港灣，是危險的避難所。出現在影片裡，就是走在不受傷害的路上。

很少有人會死，而且無論如何死的都是德國人。對湯米們[14] 來說，他們不過受點小傷，有時候頭上纏了繃帶，最多的是一跛一跛而已。戰鬥結束後，不分敵我都踏著沉重的步伐回營——湯米撐扶著弗里茨[15]——彷彿是在糟糕的場地比完一場激烈的橄欖球賽。握手、友誼和打鬧般的兄弟之情充滿了賽後鏡頭：一名英國士兵和德軍俘虜互換帽子（字幕上寫著「湯米和弗里茨交換帽子」）。大夥兒在一旁看著。整體來說，索穆河與昂克赫河（Ancre）[16] 的戰鬥看來相當無

---

14 譯注：早在十八世紀中葉，湯米·艾特金斯（Tommy Atkins）這名字就已成為稱呼英國士兵的俚語。

15 譯注：弗里茨（Fritz）是德文男子名弗里德里希（Friedrich）的暱稱，從一戰開始就被用來稱呼德國的士兵。

16 譯注：昂克赫河會戰（Battle of the Ancre）結束於一九一六年十一月十八日，是整場索穆河戰役中最後一次的大型會戰。英國軍隊以兩萬多人的生命為代價，迫使駐守當地的德軍撤退，而德軍傷亡人數接近四萬。此後索穆河戰役劃下句點。

害。

不只無害，從協約國的觀點來看，還是大獲全勝。德軍所扮演的角色得先承受可怕的砲擊，接著大批投降。投降人數多到遲至一九一七年才終於把整隻德軍聚攏。

戰爭就這麼持續下去。每個人看來都一樣。每個地方看來都一樣。每場戰役看來都一樣。正當字幕和地圖給人接二連三輕鬆獲勝的印象時，影片本身則削弱了它們的可信度：如果事情這麼簡單，為什麼在幾個月後，還需要在同一地區打另一場同樣的仗？山謬‧海因斯（Samuel Hynes）的形容不偏不倚，我們所得到的是

大批的人員和物資胡亂移動，穿越殘破不堪的世界，朝著不確定的目標前進；毫無目的的暴行與消極的受苦，沒有開始也沒有結束──不是聖戰，而是糟糕的命中注定。

命中注定用在這裡不夠恰當，因為命中注定暗示有意圖、有目標，因此與海因斯所謂「什麼都沒發生」的主要論

點相違背。這不是命中注定,而是個情況。

　　經歷幾個小時的這種情況,我無聊得想睡。一名軍官著騎兵制服──帽子、靴子、騎馬披風──乘著一台坦克的連續鏡頭短暫喚醒了我的興趣。「坦克」,一個嶄新的發明,每當它出現在字幕中總是有引號框著,它才是這些影片裡真正的大明星。醜陋、緩慢,它笨重地上戰場,再笨重地回去,毫髮無傷而且嚇人,一隻笨拙的鐵甲蟲。一隻劇烈跳動的鐵甲蟲,或者說是一匹鐵製野馬,當它顛簸輾過滿是彈坑的原野時,盤據上方的軍官得拼了命地打直自己的上半身。

　　在這滑稽的中場休息過後,戰爭又重回舉步維艱、沒有劇情的常態。同樣的表情,同樣的戰場。我想像自己不停看著這些片斷,並訝異自己居然期待影片出現當代紀錄片的劇情構成,期待原始的歷史材料被重新剪接,進一步編輯、重塑並置入歷史背景中。我差點希望影片裡會出現《二戰全史》(*The World at War*)裡我討厭的、那些對老將軍們所做的訪談(「是的,我傾向認為我用我的攻擊計畫同時照顧了兩者」)。

　　戰爭繼續,有影像,沒聲音。同樣的表情,同樣的戰

場。有一句字幕說了些有關我們不知疲倦的軍隊不停行軍，而我感覺自己是不知疲倦的觀眾，負重穿越了昂克赫河、索穆河與阿哈斯（Arras）[17] 的戰鬥還不按暫停——而我早已放棄注意哪一仗是哪一仗，也沒在做筆記了。我又多坐了一刻鐘，在椅子上越陷越深。最後我再也忍不住。我站起來，重重拍打放映師的門，哀求他，「老天啊，別放了！」

　　他樂得停戰。這樣他也可以早點收工去吃午餐。給自己和別人一條活路。走出門的時候，我已準備從更勤奮的研究者手上接下一根白羽毛[18]。

　　對我們來說，戰爭就像這樣。我們可以隨意停下。我們凝視士兵在戰壕裡的照片。雪、泥濘、寒冷、死亡。等到我們在那兒待得夠久了，我們就起身離開，翻頁繼續。

〇

[17] 譯注：阿哈斯戰役發生在索穆河戰役後（一九一七年四月九日至五月十六日），是協約國軍隊嘗試打破德軍防線計畫的一環，但此戰役並未達到決定性的戰果。
[18] 譯注：從十八世紀起，白羽毛在英國軍隊中就是懦夫的象徵。

　　這場戰爭，是用每秒十六至十八幀數的手搖攝影機拍攝的。現代投影機──就像博物館裡這台──每秒則播放廿四幀，所以畫面很快就閃過去了。

　　博物館主建築架設著一部特殊的投影機，用正確的速度無限循環播放《索穆河戰役》的片段。人們向前線出發，生還者跛著回來。這是一條連續人龍的中間段，一端是人們搭上往法國的火車，另一端則是他們一路蜿蜒經過和平紀念碑。無限循環：一條人流，流向死亡。他們死了，卻還正準備去死。他們不停朝前線行軍，步伐慢得永遠不會停止。身處克雷格洛卡特，薩松回想起的戰爭畫面幾乎與此一模一樣：

　　　我想像著一列看不見盡頭的行進士兵，從後方走往前線時一路唱著〈蒂珀雷里〉[19]；我看見他們排成縱隊，悄

---

[19] 譯注：薩松指的是〈離蒂珀雷里還遠〉（It's a Long Way to Tipperary）一曲。一九一四年八月十三日，《每日郵報》（Daily Mail）特派員喬治‧柯尼克（George Curnock）看到愛爾蘭的康諾特遊騎兵（Connaught Rangers）在往布洛涅（Boulogne）的路上不斷唱著這首歌。消息見報以後，這首歌便成為許多英國部隊的行軍歌曲。

悄沿著破敗的道路走過，使勁把自己的破靴從泥裡拔出來，直到他們來到滿是樹木殘根與骨骸的彈坑前。

由於影片當初是用手搖攝影機拍攝的，不可能與投影機完全同步。動作經常比該有的速度來得慢。像是用很慢的快門速度拍出來的照片，慢到畫面都流動了起來，靈異照片。

「過去永遠不死，」威廉‧福克納（William Faulkner）寫著。「它甚至還沒過去。」

爬出壕溝以前，一名軍官說自己的部下「看來多少有點恍惚了」。澳洲的官方戰史學者查爾斯‧賓恩（Charles Bean）寫著，在行動開始後，「士兵就像在夢裡走路，兩眼圓睜呆滯。」另一位生還者回憶起自己「像夢遊的人」穿越戰場。大衛‧瓊斯（David Jones）描寫戰爭疲勞的士兵，「他們像夢遊的人那樣走來，身體脫離了腦袋的控制，毫無殺氣，只想著要休息。」[20]

在費德里克‧曼寧（Frederic Manning）的《小兵列傳》

[20] 瓊斯在後面幾頁用了另一個引人入勝的說法，寫這些「在霧裡行走的人」。

（*The Middle Parts of Fortune*）裡，整連的士兵正準備朝前線開
拔，加入索穆河的主要攻勢。士兵們面面相覷，「帶著奇怪
的眼神，世界變得既空洞又不真實，他們走向一團迷霧，無
人相助。」當上級下令前進時，出現了

　　動身的低聲連漪，以其他們踏步的含糊節奏，似乎在
與時間競賽，當泥漿吸著他們的軍靴，他們默不作聲地
跌入搖搖晃晃的跨步節奏……薄霧在他們周圍繚繞顫動
成小小的漩渦，彷彿他們從來不存在於土地、生命、時
間當中。

　　在薩松回憶錄中最經典的一段裡，他看見一個精疲力竭
的師團從索穆河的一場攻勢中歸來：

　　現在登場的是一段無聲的間隔，我在裡面聽見馬匹的
嘶鳴，尖銳、恐懼而孤單。然後，歸來的隊伍開始前
行。營火屌弱，拖著步伐、搖搖晃晃的隊伍緩緩回營。
最先出現的是野砲，跟著騎在虛弱馬匹僵直身軀上搖頭

晃腦的人，然後是貨車、大砲前車與戰地炊事車。接在
這些車輪後的是蹣跚、跛行的步兵，他們隊型散亂，腳
步零落。如果有誰出聲，也只是喃喃低語，馬匹上的軍
官騎得像在睡覺。士兵得拿汽油罐裝自己的急用水，刺
刀碰在上面叮噹作響；除了拖行的腳步聲，這是唯一的
聲響。灰頭土臉的人們跟蹌前行，身上掛著步槍，以近
似鬼魅的姿態一掠而過，被鋼盔壓得抬不起頭。

薩松「震儡」於自己親眼所見；彷彿他「看著一隻幽靈
大軍」。受到投射性回顧的戰時典型態度的影響，薩松感覺
自己「已經目睹了百年後的史詩詩人可能遙想的景象」。將
近九十年後，這部片成了史詩級的、無止境的戰爭詩篇。

一名士兵肩上扛著受傷的同僚飄向攝影機。沉默，緩
慢，像鬼一樣。

看著夢遊的角色，我們也進入夢想時光、死亡時光：那
被想起的死者的夢。

一條人流，流向死亡。不停朝前線行軍。越來越少跛著
歸來的生還者。

○

這些影片清楚呈現一件事：對一般士兵而言，戰爭不過是有別於過往形式的勞動的延續。戰場是個大型的露天工廠，工時長、不允許組成工會，而工安標準也照慣例被忽視。戰爭因此結合了農業勞動與工業輪班最糟糕的一面。「馬伕、農夫和牧場工人組成的神祕大軍」，用羅納德‧布萊斯（Ronald Blythe）的話來說，「在一九一四年逃離了土地的悲慘」，卻在法蘭德斯經歷更悲慘的悲慘。礦工發現自己從事著跟承平時期完全相同的工作——只不過這回他們在地下挖洞的目的是把上百磅的炸藥放到敵人的雙腳下。與此同時，德國人也展開類似的行動，有時候兩邊會挖過界，穿到彼此的隧道系統中。在地面下幾百呎深處，「人們在這些隧道裡朝彼此的咽喉張牙舞爪，拿鐵鎬和鏟子和對方一決生死。」

至於在地面上的人，影片記錄到的主要活動是搬運。戰前，搬砲彈；戰後，搬擔架。人們意識到，生命根本就是一個關於裝貨卸貨、收件送件的問題。許多砲彈重到抬不起

來，得用吊的或滾的來就定位。每樣設備的每個部件看來都
重得要命。沒有輕量化的尼龍背包或Gore-Tex靴。一切都是由
鐵或木頭做成的，連衣服看起來也像是用鐵屑織出來的。那
個時候，什麼東西都比現在重。人們被裝備壓著，與其說他
們在行軍，倒不如說他們是把自己運送到前線。他們身上的
大衣不是穿著的，是拖著的：

　　我們行軍，看到一連的加拿大人，

　　他們的大衣少說有八十磅重。

　　這是歷史給人們的教訓之一：東西會隨時間越做越輕
巧。未來不一定比過去來得好，不過肯定比過去來得輕。正
因如此，我們才稱過去的重量為**重擔**。

○

　　看著查爾斯・薩金特・傑格（Charles Sargeant Jagger）所
做的紀念雕像，我們更會強烈感受到這一點。有些雕塑家將
石材雕塑得貌似輕盈；傑格則強調它的沉重。

　　一九〇七年的浮雕《勞動》（*Labour*）（後被摧毀）
裡，人們汗流浹背，使勁地移動一件裝備；右手邊角落有個
人看來精疲力盡，可能是意外受傷或在戰爭中負傷。至於
傑格最有名的作品──位於海德公園角的王家砲兵紀念碑

過去的重擔

（Royal Artillery Memorial）——只消在細節上做微小的補充，其畫面便適於用在淺浮雕藝術。

　　八月的某個晚上，我們在那兒停下來。樹影遮蔽，幾乎整天都被由車流所組成的護城河所孤立，車裡甚至沒有人知道紀念碑在那兒。我們一行四個人，全都醉了。時間是凌晨兩點，還很暖。月光擦過黑色的人像。我們抬頭望向正拖著砲彈的人像，他的視線茫然投向未來，或者過去，或者一切終究成為現實的當下。

　　「看著在大衣長口袋裡放了四顆十八磅重砲彈的人像，人們變得既懷舊又多話，」《曼徹斯特衛報》（*Manchester Guardian*）報導了一九二五年十月十八日紀念碑揭幕的那個早上。

　　人們說，如果槍上了偽裝，他或許會帶著砲彈走很長一段路，而且雙臂下可能還會多夾兩顆砲彈。這意味著在九十六磅的砲兵裝備上再增加巨大的重量。

　　就連安息了，裝備的重量還是不放過他們。我們繞行紀

死亡的沉重負擔

念碑，躲避車流的噪音。在紀念碑的其中一面，有個躺著的
人像被大衣覆蓋，僅能看見臉的局部，像是耳朵和下巴的線
條。他就是死亡的沉重負擔。

○

傑格風格獨具，結合了石頭與軍事裝備的沉重與最精巧
的細部雕琢：你幾乎能在砲彈搬運兵的前臂上看見毛髮，聽
見士兵在帕丁頓車站等車時讀信的窸窣聲。圍巾圍著脖子，

IN HONOUR OF
THOSE WHO SERVED
IN THE WORLD WARS
1914 † 1918
1939 † 1945

查爾斯‧薩金特‧傑格:帕丁頓車站紀念碑

大衣披著雙肩，聚精會神的讀信。帶來希望和恐懼的信。靠在工業咖啡館（Café de l'Industrie）的吧檯前，我拆開一封用你的字跡寫上我的名字的信。信中的第二段，你用最新的熱門語，問我是怎麼「頂住的」。

傑格的人像尺寸與力量都讓人想起古典的英雄雕像，但他的人像完全是尋常人物。傑格雕塑的是普通人，他們的英勇存在於他們的忍耐中。一九一五年十一月，傑格在加里波利（Gallipoli）被射穿左肩；到了一九一八年四月，他在諾維格里瑟戰役（Battle of Neuve Eglise）中再次重傷。兩次他都恢復神速：「幾乎在中槍以前，」他在一九一八年寫道：「我就痊癒了。」他在雕塑作品中凸顯的並非肉體的脆弱，而是肉體的回復力與頂住的限度。他的人像站穩自己的腳跟，守護自己的記憶──這在霍伊萊克暨西柯比戰爭紀念碑（Hoylake and West Kirby War Memorial），或是帝國戰爭博物館中相同的設計模型〈掃蕩者〉（Wipers）當中最為明顯。他們通常成背靠著牆的姿勢，實際上也的確總是靠著牆。

公共雕像的目的在於呈現效果的最大化。但若要以此作為這些人物雕像的基本要求，則有本質上的困難，因為士兵

的主要目的完全與此違背：盡可能的隱蔽。當時，前線部隊
都待在地平面下；只有在夜色的掩護下或展開主要攻勢時，
才會冒險進到空曠地。相較於在雕像底座上展現自己，除了
極少數的情況，真實情況中的人像應該躲進遮蔽物後，或者
更理想是躲在遮蔽物下面。

　　就像傑格的所有人像，砲兵軍官被他們自己的紀念
碑遮蔽且保護著。只有他的樸茨茅斯紀念碑（Portsmouth
Memorial）的躬身機槍兵是完全曝露的。

○

　　傑格或許是首屈一指的雕塑家，卻不是唯一受益於國殤
紀念儀式的雕塑家。多數位於法國的英國將士紀念碑的委託
工作交給了建築師，但戰後的英國本土則見證了一段雕塑家
的蓬勃發展時期。對法國的雕塑家而言，更是難得一見的榮
景。三萬座戰爭紀念碑——或可換算成一天五十座——起造
於一九二〇至一九二五年之間的法國。「在希臘人和大教堂
之後，還不曾出現如此的黃金時代，」一名在貝特杭・塔維
涅（Bertrand Tavernier）的電影《只是生活》（*Life and Nothing*

But）裡的紀念碑雕塑家這麼說。「就連下手最笨拙的雕塑家，都淹沒在委託工作裡。就像工廠的生產線。和文藝復興相比，這簡直就是文藝復活。」

本質上回顧過去、主要受國家與軍方資助的紀念碑藝術，總是會傾向保守而非實驗性——更何況這場受紀念的戰爭很早就認為英國和本土是「傳統」的，而敵人則是「現代」的。「傳統的」人物雕像既然傳統，當然能與勝利毫無困難地共存，或者至少在某種程度上肯定了戰爭並非全然無目的。根據類似而矛盾的涵義，現代主義（modernism）——在戰後數年間見證了自己的鞏固與凱旋——彷彿自我認同於戰敗，或者在某種程度上敵視用來發動這場戰爭的某些價值觀。

值得注意的是，主要的現代主義紀念碑是在戰敗國德國，由恩斯特·巴拉赫（Ernst Barlach）和凱特·柯勒維茨（Käthe Kollwitz）所設計的（他們兩人的作品隨後遭受納粹譴責）。

在英國，紀念碑大多還是由輩分較長的、名氣較響亮的雕塑家，如阿爾伯特·托夫特（Albert Toft）（一八六二

——一九四九）與威廉・哥斯孔維・約翰（William Goscombe John）（一八六〇——一九五三）所完成。就連交由較年輕的雕塑家如華爾特・馬斯登（Walter Marsden）（一八八二——一九六九）、吉爾伯特・列華德（Gilbert Ledward）（一八八八——一九六〇）與傑格本人（一八八五——一九三四）所執行的主要委託案，也是打造成傳統的樣式。

「生還者的憤怒」——詹姆士・楊（James Young）這麼稱呼——也是決定紀念碑保守本質的因素之一。生還者作為死者的代言人通常反對用抽象形式表現他們的過去：「許多生還者相信，他們經歷中刻骨銘心的事實，需要盡可能寫實的紀念碑。」這種對實驗性或抽象的公開敵意，不一定就是死腦筋或缺乏藝術涵養。和不那麼傳統的作品相比，托夫特與傑格的紀念碑更為歷久不衰。比方說，隨著時間過去，艾瑞克・肯寧頓（Eric Kennington）在巴特西公園（Battersea Park）中雕像底座上人擠人的簡單圖騰造型，已經無法展現紀念碑的基本作用：形塑過去，保存過去。

可是，在需求與集體審美力量的交匯處，出現了一種至少在英國未曾實現、藝術史記載也付之闕如的紀念像的可能

性：一種負傷的寫實主義，一尊根植於人像傳統但被現代主義弄殘的雕像；一尊同時被想表達的歷史經驗撕碎又維繫在一起的紀念像。這樣的紀念像造型，或許會類似於奧西普‧薩德金內（Ossip Zadkine）的《鹿特丹紀念碑》（*Monument to Rotterdam*），或恩斯特‧尼茲維斯尼（Ernst Neizvestny）的《受了刺刀傷的士兵》（*Soldier Being Bayoneted*）。[21] 它們於一九五〇年代誕生，但兩者都使用「同樣源自於一九二〇年代早期的雕塑語言」。

　　一尊完成時間較早的作品，威廉‧列姆布魯克（Wilhelm Lehmbruck）傳神的《倒地者》（*The Fallen*，一九一五至一六年），則顯示雕塑語言已開始用難受的啜泣來表達自我。一個赤裸、痛苦虛弱的人趴跪在地上。頭垂碰地。歐洲的苦痛似乎壓在他的背上，但這個倒地的年輕人仍然支撐著自己，抗拒崩潰前的最後一份重量（他的頭碰在地上，這個無助的

---

[21] 譯注：《鹿特丹紀念碑》與《受了刺刀傷的士兵》都是人像，前者心臟處被挖空，後者則是拿著步槍的手反轉到身後，用槍尖的刺刀插向自己的後背；兩座人像的姿勢都相當扭曲。

動作增加了雕像結構的穩定性）。列姆布魯克的另一個作品，《沉思者的頭顱》（*Head of a Thinker*）呈現一名雙臂顯然是被擰斷的人，徒留像粗糙樹根的雙肩；左手從胸前突出來，握拳抵著胸口。列姆布魯克在柏林的軍醫院擔任勤務兵，無法承受所目擊的各種負傷與苦難。他在一九一九年自殺，但他的作品或許已經為未來的紀念碑提供了模範。

　　類似的作品──更好的、不受列姆布魯克以《倒地者》所受苦難壓抑藝術家自身苦難的傾向所影響的雕塑作品──當初是有可能在兩次大戰期間的英國誕生的。考慮到人像雕塑傳統本質是英雄式的，比以往更露骨呈現戰爭苦難的寫實主義雕塑有作為替代存在的可能性：比方說一群人在面對機關槍砲火時前進、倒下，抬擔架的人在泥濘裡舉步維艱……。呈現負傷士兵的雕像確實存在，但傷口往往過於形式化，彷彿造成不便甚於肢體傷殘。以雕塑手法再現的屠殺僅存在傑格的淺浮雕中。目前藏於帝國戰爭博物館，一九一九至二〇年的《無人地帶》（*No Man's Land*），展現了垂死與負傷的人們狼藉倒臥，其中一人還吊死在刺網上。

　　四處都見不到對戰爭直白描繪的全立體表現，突顯了另

一種缺乏——特別是如果把淺浮雕這種藝術形式當成以青銅或石材拍攝的照片，或是定格的推軌鏡頭（tracking shot）。攝影師能傳達戰爭行動的後果，然而要捕捉到戰鬥本身卻是物理上的不可能（士兵在索穆河翻出壕溝的連續鏡頭之所以明顯是造假的其中一個原因，正是因為它被拍攝了）；作為一種媒介，雕塑足以表現戰鬥中無從拍攝的經歷。即便英國有許多才華洋溢的雕塑家，卻沒有哪個人（包括傑格）有足夠的遠見、自由或權力，用青銅和石材呈現戰爭，就像歐文用文字達成的那樣。

　　一連串關於從未成形的雕塑的推測，說穿了只不過是嘗試說明現存的雕塑缺少了什麼：一種用時間與空間，而非單純用石頭或青銅來包裹、定義它們的敘述方法。缺少的，是對新形式的探索，對新方法的摸索，而非被動依賴於過去累積的技藝。22

---

22 或許，戰爭經驗終究還是在一位恰好以人像與抽象的交錯為其特色的雕刻家最具代表性的作品裡得到了呈現。亨利・摩爾（Henry Moore）在一九一六年他十八歲時加入陸軍。摩爾擔任機槍手，並在一九一七年十一月康布雷（Cambrai）一地毒氣中毒。在醫院療養了兩個月後，他成為刺槍術的教官。安東尼・巴內

即便把這種缺乏算進去，寫實主義的紀念碑依舊標誌了英國公共雕塑的蓬勃發展。這些或許不是個人非凡天分之作的紀念碑，說明了普通人的表現潛力如何能在任何一種藝術傳統中的特定時刻，超越此前或此後的天才。這年頭想將人的造型苦心孤詣成如此有力的樣態可不容易；在今日，唯有格外傑出的藝術家，能企及過去紀念碑雕塑家平素就能達到的那種力量，而除了傑格，這些雕塑家幾乎全都已經被遺忘了。

○

特（Anthony Barnett）曾經間接點出這段經歷對這位「發現了洞的雕刻家」來說有多重要。巴內特更露骨地暗示，正是摩爾的戰爭經驗「生動解釋了其倒臥人像作品所共有的恐怖凝望與殘缺姿態，並由此表現了他的戰爭經驗」。如果將摩爾的倒臥人像散布在一片風景中，我們就會彷彿「身處大屠殺的發生地點」。巴內特立論巧妙且煽動，而非尖銳或權威。他煞費苦心指出，摩爾代表性的作品在「非得從某種混合了〔他的戰爭〕經驗的角度來看待」的同時，卻不能將之「化約成對戰爭的回應」。摩爾的作品應該拿來與通常把戰爭看成「在原本愉快社會裡悲慘的火山爆發」的紀念碑做對比。正如先前所說，對於工人階級的士兵，戰爭是用其他的方式持續勞動，增幅並強化了礦坑與工廠帶來的痛苦。摩爾是礦工的兒子，他不是用抗議來回應戰爭，而是「作為見證人，見證了一種在某個時刻表現為大規模戰爭的生活方式」。他的人像處在一種向壓倒了他們的力量臣服的情況，但這股力量卻永遠無法粉碎他們。

我們開車去艾蘭路球場看利茲聯對艾弗頓的足球比賽途中經過了基斯利（Keighley）。雲層緊挨著地面。外國人或許會認為，連帽防風外套是英國人的民族服飾。最常聽到的聲音是擤鼻涕。但凡不是灰色的東西——雲朵、馬路、鴿子——全是褐色的：長凳、建築物、葉子、青銅士兵和水手，棲息在紀念碑上的勝利人像。車流和購物人流快速經過。士兵站得筆直，盡力忽視步槍上的刺刀早已折斷多年的事實。

在我們停下來用午餐咖哩的布拉德福德（Bradford），幾位青銅士兵也遭遇了類似的命運。紀念碑每一側都有一位士兵，他們過去肯定曾經奮力大步向前。而今他們謹慎前行，彷彿準備在無害的捉迷藏遊戲中互嚇彼此。刺刀在一九一四年實際上已是過時的武器——「除非他先舉手投降，」一名士兵宣稱：「大戰裡從來沒有人死在刺刀下」——這個事實只是徒增空虛感。現在，刺刀的功能在於象徵與觀賞：少了它們，雕像的內在力量會失去平衡，難以回復。

相反的，在霍爾本（Holborn）——或者，更安靜的法國村莊弗列爾（Flers），也有座一模一樣的雕像——一名步

兵爬上土地形狀的底座，手持步槍，包圍在從頭延伸到刺槍
尖再到支撐腳的大範圍空氣中。這個取景框讓托夫特的雕像
顯得更為有力也更脆弱，既延伸了士兵的空間範圍，也讓我
們彷彿透過狙擊手的瞄準器，聚精會神凝視士兵身體的正中
心。

○

在艾蘭的哈德斯菲爾德（Huddersfield）近郊，天色已
沉。暮色穿過光禿禿的樹枝灑下。十一月在此地能持續十個
月之久。潮溼的落葉覆著潮溼的草皮。青銅士兵在花崗岩底
座上監視著迷濛霧氣，望向溼答答的馬路。他將大衣的領子
翻起來抵禦即將降臨的寒意。從前的雨從他的鋼盔緣滴落。
除了他肩上的一縷縷銅綠，一切都蒙上灰色調。布羅茨基寫
著：

　　　拄著他的步槍，

　　　無名的士兵愈發陌生。

在史戴利橋鎮（Stalybridge），一名士兵重重跌進死亡裡。
他身軀坍垮，但有個天使在那；她似乎一直在等待眼前這一
刻。伯格曾經描述某個法國村莊裡另一座幾乎如出一轍的紀
念碑：

> 天使沒有拯救他，而是讓士兵的死不那麼沉重。握著
> 士兵手腕的手沒有用力，也不比護士捏著脈搏的手來
> 緊。如果他倒下的身軀顯得輕了些，那只是因為兩個人
> 像都是從同一塊石頭裡雕出來的。

這些湯米們啊，他們遍布全國：在紐卡斯爾（Newcastle）和他
們的愛人道別，看來正要在格拉斯哥（Glasgow）的凱爾文格
羅夫公園裡休息、讀信或進攻，在克羅伊登（Croyden）包紮
傷口，在阿蓋爾（Argyll）扶持負傷的戰友，垂死，回去劍橋
的家。這些經常被複製的雕像姿勢，重現、保存了英國士兵
的戰時百態，令我想起塑造我對紀念碑創作品味的Airfix牌模
型士兵。

年紀沒能匱乏其身，但歲月卻譴責他們。烈日曝曬，迷

這些湯米們啊，他們遍布全國

在艾蘭的紀念碑

茫在雪裡，他們或者在夏日穿著大衣汗水直流，或者在漫長冬日穿著凍死人的捲袖襯衫。女權主義者朝他們噴漆——「死掉的男人不會強暴」——毀損公物者對他們下重手，他們全都隨空氣汙染而逝。一如盲人，我們的尊重是無力自衛的他們唯一的防禦。

　有時候，他們是倒閉的公司、查封的辦公室、故障電梯和荒廢地產組成的新無人地帶中，唯一的古老存在。他們一直在那，似乎已成為背景的一部分：無法想像在他們還沒出現以前，這裡是什麼樣子。多年過去，看著雕像揭幕的孩子如今垂垂老矣。或許雕像要紀念的是他們自己的大難不死，是紀念方式的不朽理念。士兵低著頭，拄著槍口朝下的步槍——這種最常見的雕像造型，實際上勾勒出一種自給自足的理想紀念形式：正被悼念的士兵與悼念中的士兵。像這樣的雕像，是訴諸於（也是關於）紀念行為本身：這些雕像描繪了看向這些雕像時所引發的理想情感形式。

　綜觀整個一九二〇年代以及三〇年代早期，人們致力於將國殤紀念活動與和平運動連在一塊兒：某些人主張戰爭紀念碑應該稱為和平紀念碑；和平誓約聯盟（Peace Pledge

Union）則販賣白色「和平」罌粟花，當作英國軍團紅色罌粟花之外的另一種選擇。無論如何，到了一九二八年，民眾已經不把自己視為「戰後的」人，用當時一位評論家的話來說，他們倒是開始「感覺生活在『下一次大戰前』的新紀元」。這也正是大戰在小說與回憶錄中最受緬懷的一段時

自給自足的理想紀念形式

期。奇怪的時空省略再次出現，國殤紀念的想法逐漸匯流向未雨綢繆的概念。於是乎，為紀念第一次世界大戰所建造的雕塑也開始引頸期盼第二次的大戰。等到與德國作戰的陰影再次浮現，紀念用的雕塑轉而代表一種象徵形式的重新武裝，他們的任務不是單純地保衛過去，而是提防可能爆發衝突的未來。

在克羅伊登的紀念碑上，P‧J‧蒙特福德（P. J. Montford）的人像包紮傷口，彷彿為進一步效力蓄勢待發；在陽光港口（Port Sunlight）由哥斯孔維‧約翰雕塑的兩名健康男子，正準備保護第三個受傷的人；約翰‧安傑（John Angel）在埃克塞特（Exeter）與馬斯登在臨海聖安妮（St Anne's on Sea）的人像，呈現的是疲憊但準備萬全的士兵（必要時，其中一尊雕像被破壞的步槍，也能在這個情況裡當作棍棒使用）。

傑格的人像在紀念匯流向決心的嶄新局勢裡適應得出奇的好。他強調砲兵的「恐怖力量」代表了「猶言在耳的遺言」，拒絕在王家砲兵紀念碑上放入任何和平象徵的建議。他堅持，這可是座戰爭紀念碑。

在樸茨茅斯的南岸，傑格的機槍手已就定位。當我們決

定以島嶼要塞為壕溝來保護自己時，疲憊的湯米們就成了雕像版本的國土防衛軍。國土防衛軍在早期戰爭中的效果主要是象徵性的。這一次需要保護的不再是勇敢的比利時，而是英國自己──這些雕像成為英國決意堅定立場的日常提醒。他們憔悴但樂觀，是邱吉爾果決意志在每個街角與入侵者奮戰的有形預言。

　　一九四四年，聖詹姆斯公園的近衛師團紀念碑（Guard Division Memorial）遭德國轟炸而嚴重受損。雕塑家列華德認為這反而讓它變得更好，遭「這讓紀念碑看起來好像也投入戰事之中」。當工部大臣說服他修復紀念碑時，列華德建議保留一些「戰爭的光榮傷疤」──讓他的紀念碑藉由紀念一場戰爭也參與另一場戰爭的一種記錄方式。

〇

　　由菲利浦・林西・克拉克（Philip Lindsey Clark）所雕塑，位於行政區大街的南華克戰爭紀念碑（Southwark War Memorial）上，站著一名邁步向前的士兵。這張照片緊接在揭幕後拍攝。鮮有其他的影像能容納這麼多時間。

這座雕像保存了或者該說凍結了戰爭中的一刻。紀錄本身也會老去，老得非常緩慢。從拍攝的那一刻起，雕像和照片本身都歷經歲月風霜。如今再看，我們看到的是一尊新雕像的老照片。背景中，有四個人和一個男孩注視著鏡頭。長曝光使得這些緩緩移動的人們看來像鬼影，特別是右邊那兩個，簡直是完全被我們看穿了。任何路過的人都會完全消失。因為完全靜止，雕像本身顯得實在，輪廓清晰——考慮到它呈現的是一名決意向前的步兵，這一切顯得更為有力。照片因此是時光消逝的紀錄：既關於雕像（相較於看著雕像的人，照片和雕像之間的關係是固定的），也透過雕像（因為雕像本身也不再是照片裡的樣子了）。和紀念碑的盡忠職守相比，照片中就連背景建築物都彷彿要消失了。因此，我們所看到的，是雕像本身穿越時光的進展；或者更精確地說，是時間被雕像經歷。與此同時，旁觀者身處的過往時光，那消逝的一刻，被保存在這張記錄了光陰流逝的照片中。

○

時間

再過幾天我們就要啟程前往法蘭德斯。馬克[23] 告訴我，最近他一直在讀崔佛‧威爾森（Trevor Wilson）的大部頭歷史書《戰爭百態》（*The Myriad Faces of War*），作為行前準備。我對他的孜孜不倦刮目相看，也感到有些慚愧。我閱讀大戰通史的典型反應是一股腦的不耐。無論是李德哈特（Basil Liddell Hart）、A‧J‧P‧泰勒（A. J. P. Taylor）、約翰‧特雷恩（John Terraine）、凱斯‧羅賓斯（Keith Robbins），一律用同一種很不恰當的方式閱讀。我意識清晰地跳讀他們每一本之間的相同部分：海上戰爭、空襲倫敦、發生在東部戰線的任何一件事、加里波利……我也曾經很努力地試圖專注在這些歷史當中的某些部分，但就是沒辦法吸收那些細節：條約網絡、電報騷動，以及最後導致戰爭真的爆發的外交部署。結果就是，在暗殺斐迪南大公和全歐燈火熄滅之間的每件事都一片模糊。[24]

[23] 譯注：馬克‧黑賀斯特（Mark Hayhurst）是代爾為本書考察之旅的同伴。

[24] 譯注：這是當時的英國外交大臣愛德華‧格雷（Edward Grey）在一九一四年八月三日，德國向法國宣戰當天對友人約翰‧阿爾弗雷德‧斯本德（John Alfred Spender）脫口而出的話：「燈火將在整個歐洲熄滅，有生之年我們再也看不到

　　儘管我總是仔細著墨人們熱烈入伍的那一段，對於一九一四至一九一五年這段時期的歷史，我是採取聚精會神但相對快速的閱讀模式。直到進入大規模消耗戰，我才心滿意足用最慢的敘事步調前進。自一九一八年的德國攻勢以降，我又一次失去耐心，要到十一月的停戰日及其餘波，歷史進展的速度和我閱讀歷史的步調才再一次達到平衡。

　　換言之，大戰於我而言就等同西部戰線：法國與法蘭德斯，從索穆河到巴雪戴爾。因此我對大戰的著迷說穿了依然是一個小男孩的著迷。不確定日期，渴望戰鬥，我再次徘徊在自己多年前在萊昂・沃爾夫（Leon Wolff）的《法蘭德斯原野上》（*In Flanders Fields*）做記號的段落，當時我還是個小男孩：

　　……一條卡其色的腿、一排三顆腦袋，每個人身體的其他部分都埋在地下，給人一種印象，彷彿他們用盡自

它們重新點起來了。」斐迪南大公則是在一九一四年六月二十八日遭暗殺身亡，兩者相隔一個多月的時間。

己最後一分力，讓頭高過高漲的水位。在另一座迷你魚塘裡，唯一還能看到的是一隻還緊緊抓著步槍的手，它的隔壁池塘則被鋼盔和半顆腦袋占據，瞪大的雙眼冷冰冰看著漫得幾乎與他們同高的綠色泥漿。

一切都無關緊要，除了在某種程度我自己的興趣與被記下來的衝突本質相吻合。在我受困於一九一六至一九一七年僵局中的細節以前，快速穿越戰爭相對順利的時期難道不是既恰當又難以避免嗎？相較於當一個陰晴不定的怪胎，或許這是戰爭堅持自己被紀念的方式，以及自己紀念自己的方式……

○

一九一七年八月，歐文和薩松在克雷格洛卡特相遇後，立刻開始有意識地吸收薩松的影響。他把〈死亡節奏〉（The Dead-Beat）的初稿放進信封，在信裡面解釋自己在「與薩松分別後，我用薩松的風格寫了些東西」。薩松還借了歐文一本《砲火下》，歐文在十二月時開始讀這本書。薩松從巴比塞的小說裡摘了一句當作《反攻》（Counter-Attack）[25] 的題

詞，歐文則在自己的詩裡用其中的段落當作基礎意象。於是有了〈好戲〉（The Show）和〈暴露〉（Exposure）。

歐文起初覺得透過薩松、再透過巴比塞的文字來理解自己的戰爭經驗確實有所幫助，後來則演變成，歐文與薩松的文字是理解戰爭的唯一途徑。說是唯一途徑絕不誇張，後來許多書的書名靈感不是來自歐文的作品——《小心我們遺忘》（*Remembering We Forget*）、《喚它叫巴雪戴爾》（*They Called it Passchendaele*）、《赴義戰線》（*Up the Line to Death*）——就是受薩松的作品影響——《脫離戰線》（*Out of Battle*）、《過時謊言》（*The Old Lie*）、《絕望的榮耀》（*Some Desperate Glory*）。特別是歐文的詩句，簡直就是這些作品所包含的主題與修辭的索引：泥濘（「我也看透上帝了……」）；毒氣（「有毒氣！快逃啊，小子！」）；〈精神病患者〉；自殘傷口（〈自・殘・傷〉）；〈傷殘〉的人；同性之愛（「紅唇也沒那麼紅」）；〈徒勞〉……。

---

25 譯注：完整的書名叫《反攻與其他詩》（*Counter-Attack and Other Poems*），是薩松出版於一九一八年的詩集。

　　歐文的影響力無遠弗屆，導致斯坎尼爾一首關於第二
次世界大戰的詩〈走動的傷員〉（Walking Wounded），竟
一點也不像在喚回真實的場景，反而更像一篇關於歐文詩
體的文章。歐文的「口吃步槍的連珠答答」化為「斯潘道
（spandau）[26] 的瘋狂嘮叨」（歐文式的相似韻腳「嘮叨」和
「答答」進一步加強了節律的相似性）。當傷員登場時，他
們活脫像踏著沉重步伐從〈如此甜美而光榮〉走出來：

　　　三三兩兩在路上像隨便鍊著的人犯……
　　　……有人拄著棍子蹁步前行；
　　　其他人穿戴著破爛衣裳、夾板和三角繃帶……

斯坎尼爾也注意到這現象；誠如福塞爾所指出，他甚至寫了
首詩，是關於為什麼「無論何時提到戰爭」、「攻陷人心」
的不是他打過的那場戰爭，而是「被稱為大戰」的那場。

---

[26] 譯注：斯潘道指的是德軍的MG08重機槍（Maschinengewehr 08），由於生產初
　　期工廠位於柏林的斯潘道區，故英國士兵暱稱之。

晚近小說家的難為之處就是，同樣的事情也發生在他們
處理大戰題材的時候。

○

除了《西線無戰事》這個精彩的例外，真實回憶錄的寫
作與架構往往不夠嚴謹，相較之下，晚近關於戰爭的小說的
優點是寫作更精確、架構更縝密。格雷夫斯的《揮別一切》
（*Goodbye to All That*）、愛丁頓的《英雄之死》、蓋伊‧查普
曼（Guy Chapman）的《豪擲》（*A Passionate Prodigality*）、
曼寧的《小兵列傳》以及薩松的《喬治‧舍斯頓的完整回
憶錄》（*The Complete Memoirs of George Sherston*）都有讓人印
象深刻的段落，但沒有一本在企圖與構思的想像力凝聚，
或用語的張力與雕琢上，能和英文版的雷馬克（Erich Maria
Remarque）鉅作相匹敵。[27]

[27] 這幾本書能得到關注全都得歸功於《西線無戰事》的驚人成功重燃大眾對戰爭
的興趣。一九二九年五月時，愛丁頓拍了封電報給他在美國的經紀人：「有鑑
於《旅途終點》和德國戰爭小說的空前成功，《英雄之死》應該好好利用社會
氣氛搶在秋季及早出版，大部頭的英格蘭戰爭小說搞不好能做大起來。」

　　近來許多戰爭小說的通病，在於它們幾乎無可避免地帶有資料來源的痕跡，總是藏不住為史實與想像精確性所做的研究。它們的真實性是間接的，給人一種二手文本的感覺。查爾斯・卡靈頓（Charles Carrington）曾在一九五九年抱怨沃爾夫《法蘭德斯原野上》的特定片段，讀來像「拼湊模仿大家二十五年前就讀過的暢銷戰爭書」。三十五年後，沃爾夫對法蘭德斯戰役引人幽思的歷史研究，似乎成為每個想把戰爭寫成小說的人的主要參考書。換句話說，我們已經進入拼湊模仿的第二階段：對拼湊模仿的拼湊模仿。

　　在《奇怪的會面》（*Strange Meeting*）（沒錯，這書名出自歐文）一九八九年版的後記裡，蘇珊・希爾（Susan Hill）提到，寫這本關於友情如何在兩名前線英國軍官之間萌芽的小說時，除了得讓自己浸淫在回憶錄與信件中，她還必須「在想像中縱身跳躍」並「在壕溝裡生活」。

　　儘管自認為成功，這縱身一跳還是過於受助跑時蒐集的大量資料所影響。特別是小說裡試圖佯裝成一手原始資料的部分——由兩位主角中比較年輕的那一位大衛・巴頓所寫的信。

　　一切好嗎〔他是寫給他母親〕，我已經告訴過你，把
情況說的很慘，因為真是那麼慘，我希望你相信我告訴
你的一切，告訴任何一個用期待的眼神問你戰爭打得怎
樣的人。一團亂。沒別的好說……。誰開口談名譽和光
榮，就把這一切跟他講。

　　我們已看見戰爭期間有一種傾向，期待將來能回顧參戰
者行動那一刻的到來；這裡卻有一種反向投射歷史大事的相
反過程。巴頓的信有失真實──並非因為他不會如此抒發感
懷，而是因為它們正巧符合那些被認定為戰爭歷史遺產的
東西。它們的可信度恰恰源於身為真實信件必須放棄的時
序調解的過程。這個例子很難不令人想起《戰地春夢》（A
Farewell to Arms）的知名段落，海明威在這段話中為巴頓─希
爾式的感懷建立了一個樣板：

　　神聖、光榮，犧牲的字眼和空話總能讓我不安……。
舉凡榮耀、名譽、勇氣、尊崇這種不實在的話都很

下流。

順道一提，在後來的一封信裡，巴頓表示如果英國士兵上前照料傷員，德國人「通常會暫時停火……跟我們一樣」。又一次，正是其觀察的可茲證明，讓人對這引人注目的可信度起疑。我們會覺得巴頓的發現並非源於自身經驗的偶然遭遇，而是希爾的研究見地。

在塞巴斯蒂安・福克斯（Sebastian Faulks）令人難忘的戰爭小說《鳥語》（*Birdsong*）中，其交織的想像力徹底吸收了這些研究，很少出現類似破綻。然而，福克斯評論自己小說裡其中一個人物「似乎沒辦法不掉書袋說話」，卻諷刺地說中了這本書的某些片段。一名剛收假回營的軍官痛快宣洩自己對老百姓在英國大後方舒服度日的不滿：「那些肥豬不知道什麼樣的生活在等著他們，」他喊著。「我真希望來場大轟炸把皮卡迪利街和白廳路一道炸爛，連那些豬一塊兒炸死。」這個感受完全可信，但明顯取自歐文的知名信件，因而無法被斷定為個別的真。

有鑑於薩松與歐文的影響幾乎無孔不入，有一種解決

方法是把他們帶進小說的想像世界裡。帕特·巴克（Pat Barker）在兩本很不錯的小說《重生》（*Regeneration*）和《門中眼》（*The Eye in the Door*）裡正是這麼做的。小說以克雷格洛卡特為背景，前書改寫了薩松有名的宣言作為開場，並將他和W·H·R·里弗斯醫生（Dr. W. H. R. Rivers）以及歐文往來的許多關鍵片刻（包括他對〈命定殤折青年頌〉早先版本所做的細微修正）描寫得更為戲劇化。

　　和希爾、福克斯與巴克不同，艾瑞克·希斯考克（Eric Hiscock）真正參與戰爭，並於一九一八年春天見識了伊珀爾附近的軍事行動。生於一九〇〇年，他一直到一九七六年，也就是《奇怪的會面》面世六年後，才出版自己的回憶錄《地獄鐘聲噹啷噹》（*The Bells of Hell Go Ting-a-ling-a-ling*）。沒作家天分的事實讓他的例子更富啟發性。在描述某個場合時，他寫道

　　　那些日夜如影隨形的朦朧特質（夜裡我聽見人們喘息，就像他們艱難朝前線行進時，死神在他們從窄木板上失足跌落時，用氣味難聞、滿是爛泥的彈坑包圍他們

時）讓我滿是對人為戰爭的厭惡。

真實感隨著一個個的「時」一路衰退，直到最後的肺腑之言幾乎撐不起自身信念的重量。類似的慣用手法，讓命懸一線的瞬間都顯得熟悉而安逸。「驚恐不已，我在子彈從我的頭和雙肩附近咻過去時，匍匐過難聞的泥濘，我等待著死亡。」整場戰爭被壓縮成一套陳腔濫調。

福塞爾在《染血遊戲》（*The Bloody Game*）（又一個受薩松影響的書名）提到，有人認為希斯考克的回憶錄「沒它假裝的那樣忠於事實」。這個說法正不正確，並不是這裡要討論的問題。重要的是，這個文類慣用的詞語和題材對希斯考克的影響比他的親身經歷還要深刻；的確，親身經歷唯有以層層堆疊的重彈老調為立基，才有重見天日的機會。希斯考克不漂亮的生硬用語讓他**更容易**──而非更不容易──受到二手表現方式的影響。透過別人的話語來表達戰爭經歷，這樣的傾向因為缺少遣辭用句的自覺而更形惡化。為了加強對某個事件的共鳴，希斯考克無意中承認了這點：「如果這不是齊格飛‧薩松的題材，我真不知道這是什麼。」雖然這些

寫作源自於他的親身經歷，但或許希斯考克並不需要親身經歷他在故事中所經歷的事件。

　　希爾的自然主義小說和希斯考克的回憶錄擺脫不掉的問題，到了芬德雷的《戰爭》裡就消失了，這是一本強調並依賴語言與敘事策略的作品。拾人牙慧的難題被對拾人牙慧的強調給解決了。小說中的一流場景設定——其中，主角羅斯中尉在運兵船上射殺了受傷的馬匹，迷失在法蘭德斯的濃霧裡，或是躲避毒氣攻擊——具有相當的真實感，因為芬德雷採用了戰爭後這些年間一切可供採用的敘事策略。希爾的招牌筆調是曖昧的二〇年代文藝腔；芬德雷邊緣鋒利不整、自我強化的語言片斷，則預示了麥可・翁達傑（Michael Ondaatje）在二戰小說《英倫情人》（*The English Patient*）中所使用的技巧。足智多謀的遣辭用句記錄了羅斯的內心戲，這是回憶錄所不能及的。挑個最微不足道的例子來說吧，在一陣震耳欲聾的砲擊過後，羅斯的「雙耳啵的一聲，寂靜於是湧了進來」。

　　本書架構將它所仰賴的研究融入其寫作中：交談的文字紀錄、信件、老照片……。「你們這些當時還沒出生的人永

遠不懂的是」，一段文字記錄道，

　　當一整晚下來，你唯一聽到的聲音是狗吠著那麼遙遠的地方駛過的火車，就連它們抄近路穿過你的夢都沒人醒來的時候，睡在悄悄飄落的雪下面代表著什麼。是戰爭改變了這一切。是戰爭。為了文明的大戰過後──不管在哪入睡都不一樣了……

　　芬德雷常常在幾段文字的範圍裡，就從一刻刻現在式的偶發事件跳到大範圍的歷史概述。換言之，他進入了照片的時間裡，而不是朝壕溝裡想像的縱身一跳。當沒有「好的畫面可用，除了腦海裡可創造出的」，現在與過去、描述與思索，便分解交雜融入彼此之中。關於前線的主要比喻經過了再創造：

　　泥濘。沒有好的明喻。泥濘一定是個佛萊明語。泥濘就是在這兒發明的。泥地很可能曾經是這裡的名字。土地是鋼鐵的顏色。大部分的平原上一點表土的蹤跡都

沒有：只有沙和黏土。比利時人管它們叫「克里土」
（clyttes），從這些原野開始，你朝海走得更遠，克里土
就變得更糟。一耙下去，平均十八英吋深就能碰到水。
只要下雨（幾乎總是從九月初一路下到三月，下雪時例
外）水就從地裡升起淹到你。從你的腳印中升起──行
進在原野上的部隊能帶來一場洪水。一九一六年時，據
說你得「涉水去前線」。人和馬匹從視線中沉沒。他們
沒入泥裡。看來，他們的墓穴已經準備好，還會把他們
給拉下去。

　　沒有哪段目擊證詞比這段話更令人感同身受，這恰是因
為芬德雷的文字說明了，已成往日，就是大戰給人最鮮明的
印象。
　　因此，我們得耗費驚人的歷史意志力才能記住，在戰爭
發生之前，蒂耶普瓦勒、歐雄維萊爾（Auchonvillers）和博蒙
阿梅爾不過是沒什麼特別之處的地方，或者索穆河不過是
在同名省裡一條怡人的河流。然而，在一九一〇年的福克
斯的《鳥語》裡，史蒂芬・瑞斯福德（Stephen Wraysford）抵

達亞眠時，那地方就是這樣，是一個他與借宿的當地工廠主的妻子墜入愛河的地方。他倆滿是愛意，但在這段注定毀滅的愛戀之中，醞釀著即將毀滅他們腳下土地的慘烈末日。

他們在出遊的途中，看到「一列小火車等著駛向前往阿爾貝與巴波姆（Bapaume）的支線」。第二列火車載他們「從阿爾貝離開，沿著昂克赫河旁的鄉間小支線，經過梅尼勒（Mesnil）與阿梅爾（Hamel）兩座村莊，到達博蒙（Beaumont）車站」。還有一列往南駛到「馬恩河（Marne）與馬斯河（Meuse）臨接處，其河道連接了色當（Sedan）到凡爾登（Verdun）」：一面即將勾勒出西部戰線地形輪廓的連絡網。在亞眠大教堂裡，史蒂芬的腦中出現了數世紀來「死人堆積如山慘況」的幻覺，這同樣也是未來的徵兆。沉重、悶熱的下午，丈夫、妻子和情人在索穆河的停滯死水中撐篙。蒂耶普瓦勒則是他們用下午茶的地點。如地層般沉重的未來朝這對愛侶逼進。大戰已成往日──即便戰爭才正要發生。

於我們，大戰已成**永遠**的往日。

○

福塞爾讓拾人牙慧的問題變得更複雜，我正在重讀他的
作品，當作我們法蘭德斯之行的準備。如果說書寫戰爭，除
了透過歐文與薩松的雙眼就別無他法，那麼如今想閱讀戰
爭，也只能透過福塞爾打破陳規的研究，以及對照其中占支
配優勢的主題。每當讀戰爭詩，我們就像捧著福塞爾讀過的
那本書——就算不同意他的看法，也無法忽略他的評注與和
他畫的重點。福塞爾本身已成為戰爭記憶根植此時此刻的部
分過程。他的評論已成為其評論對象證言的一部分。（閱讀
他——或者任何與此相關的人——我都在找沒寫到什麼，不
見了什麼，還能說什麼。）希爾的《奇怪的會面》若是一手
創作拾人牙慧的例子，那麼《大戰與當代記憶》（*The Great
War and Modern Memory*）則讓二手或評論性的拾人牙慧有了
可能。

就連國殤紀念儀式都成了轉手表達的對象。如今兩場世
界大戰的紀念祈禱儀式都在最接近十一月十一日的星期日於
和平紀念碑前舉行，這麼做——正如國殤紀念日一詞所揭示

的──真正紀念到的是眾人一塊兒紀念的舉動。像是麥可‧
桑德爾（Michael Sandle）《二十世紀的紀念碑》（*A Twentieth-Century Memorial*）這樣的當代作品──一隻用手操縱著或者
該說用鼠掌操縱著青銅機關槍的骷髏米老鼠──則成了對瀕
臨滅絕的戰爭紀念碑的紀念，紀念一種確切可行的公共雕像
形式。

○

那我這本書呢？我就像年少時的伊薛伍德，想以「戰爭
紀念」的題名寫本小說，想寫本非關「戰爭本身，而是〔戰
爭的〕概念對我這代人的影響」的書。不是本小說，而是篇
談拾人牙慧的文章：為我沒打算寫的大戰小說下研究注腳，
沒有實際內容的小說所包含的故事主題……

○

我透過格拉漢姆和威廉森的文字看見伊珀爾與周遭環境
……我們在傍晚的昏暗光線中抵達，入住一間坐地起價的廉
價旅館。每扇門上都有逃生路線牌，棕色的床罩。手帕大小

的毛巾，梳妝台燙上商標。我們住的是連不抽菸的人都得在每天清醒的第一分鐘從床上坐起來，朝酒氣熏天的天花板吐煙的那種房間。

傍晚，我們信步朝大廣場走去，這是鎮中心的寬闊廣場。伊珀爾在戰爭中被夷為平地之後，許多建物——例如占據廣場重要位置的十四世紀紡織業會館——都原樣重建。威廉森在一九二七年重返當地，發現伊珀爾「乾淨、嶄新，還摻了點英格蘭風」，幾乎讓人認不出來。六十年的時光荏苒給了它怡人卻些許憂鬱的某世紀小鎮風貌，並且精心保存著這樣的風貌。

幾杯啤酒下肚後，我們去參觀伊珀爾突出部戰場的失蹤者紀念碑：門寧門（Menin Gate）。一九一四到一九一七年八月十五日之間喪生的五萬四千八百九十六人，他們的名字刻在上面。門寧門由布羅姆費爾德爵士設計，外形類似凱旋門，其長度延伸到幾乎像是座隧道。從隧道中段拾級而上會來到紀念碑的外面。從這兒，我們能看見大門外滿是落葉的運河水面。潮溼的空氣。寂靜等待著自己。

我們往下走回紀念碑內部，接著走出去，越過運河。從

這個距離，門內延伸出去的建築都像是蹲在門拱下。同時，紀念碑似乎顯得有點小，讓你不禁懷疑門拱有沒有看起來的那麼大。有關這座紀念碑的一切都暗示著它該對你有很大影響，但它的作用卻是奇怪的自我吞噬。

　　搞不好在爛泥裡奮戰過的死者會
　　起身嘲笑這罪惡的墓塚。

　　薩松在一九二七年把這些字句塗鴉在——隱喻式地——剛落成的門寧門時，他刺人的嘲諷語調已成了反射動作。如果「自滿於和平的石塊」的「鋪張排場」是種錯誤表現與否定，那麼薩松對此的回應亦然。薩松為那些「窩囊的死者」發聲，他拒絕承認有為他們的死贖罪的可能，然而他在敘述那些「沒完沒了籍籍無名的人名」時傳達了——同時也讓步於——紀念碑眼中的自己。[28]

---

[28] 譯注：在原詩中，薩松除了用自己的話以外，還將紀念碑擬人化，讓紀念碑自豪地說出「斯名永存」。

尚・魯奧（Jean Rouaud）在自己的小說《光榮戰場》
（*Fields of Glory*）描述了在「陰鬱沼澤」裡的生活，對薩松來
說，那就是伊珀爾戰場的不移真理：

> 一點一點，被遺棄的屍體陷進泥裡，滑落到坑洞底，
> 很快就埋在土牆底下。進攻時你會被半露出來的手腳給
> 絆到。跌倒時和屍體面對面，你咬著牙咒罵——咒罵你
> 或屍體的祖宗。這些狡猾的屍體會用卑鄙的方式絆倒
> 你。可你總會從他們脖子上扯下軍籍牌，好讓那些無名
> 的肉塊免於沒人憑弔的未來，回復他們的官方存在，彷
> 彿無名軍人最大的悲劇是失去名字更勝於失去生命。

魯奧在這段文字裡，肯定了將那些在「爛泥裡奮戰過的」與
用來紀念他們的拱門連結在一起的潛藏渴望。布魯默閣下
（Lord Plumer）[29]在門寧門的揭幕式上替那些喪親的人說：

---

[29] 譯注：此指當時英國的陸軍元帥，赫伯特・布魯默子爵（Viscount Herbert
Plumer）。

「他沒失蹤；他在這兒。」這可不是巧言令色。

失蹤者的紀念碑與人無關，與名字有關：籍籍無名的名字。

時間就要八點了。有人聚集在拱門下。鐘響得悶。車流停了下來。兩名軍號手在大門下就定位，吹響起床號。

起床號敲碎了停戰日第二週年的兩分鐘默哀，根據《泰晤士報》報載：「尖銳嚇人的清晰音符，升起於苦痛之聲中——雖然是凱旋的苦痛。」在《英雄之死》裡，喬治‧溫特伯恩（George Winterbourne）的葬禮結束於同樣的「魂斷、心碎……難以抵擋的一連串短促涕泣的音符，以及延續的尖銳悲嚎」，這聲音在每年這天的同一時間都能聽到。

有個男孩騎著腳踏車經過。其中一名軍號手無聲示意要他停下。號角的聲音從紀念碑的牆面反彈。回聲在門拱間追逐自己。最後的幾個音漸遠，喚進沉默。隨後寧靜平躺在黝黑的運河上，每一顆音符都無暇保存於其中。

車行復流。我們順流而去，吃晚餐，多貪幾杯。天氣很冷。或許天氣本該如此，或許夏天就不一樣了——雖然有人

覺得這才是小鎮盡顯本色的季節——但在格拉漢姆的文句中，伊珀爾看來「仍然是個恐怖的地方」。格拉漢姆所寫的是一九二〇的伊珀爾，當時「死亡和殘破完全壓倒了還活著的人」。原建物的複製品已取代了斷垣殘壁，小鎮看似完好——雖然不是你會想來度蜜月的那種地方——但你能了解格拉漢姆是什麼意思，當他寫道

> 不難想像某個沒有想不開的人，被死亡磁鐵吸過來，在這兒自我了斷。有股來自其他世界的吸力，懾人心神。

我們悽慘的飯店房間尤其如此。我們倒在床上，半醉。馬克在看《死神的弟兄》（Death's Men），保羅在看《喚它叫巴雪戴爾》，而我讀《亡者的質疑》（The Challenge of the Dead）。他們兩個終究不支睡去。我繼續讀下去。我「無精打采的躺著，無法入睡，心懸伊珀爾，突然間巨大的爆炸聲響，像沉重的石頭建物崩塌的聲音」。

保羅正在打呼。

○

　　我們沿著法蘭德斯的平坦路，驅車穿過殘秋。牽引機的泥土弄髒每一個十字路口。雨不再傾瀉，轉為毛毛細雨。「間歇」是我們最接近關掉雨刷的狀態——伊珀爾，我們比較喜歡這樣稱呼雨刷。[30] 這塊地就像海綿，吸收雨水。大頭菜，或是甜菜——某種根莖菜類，管它的——堆放在田地的出入口。

　　反正車是租來的，我們用最高速開過每個水坑和爛泥堆，十足拉力賽風格。車子很快沾滿泥巴，此後我們就稱它叫坦克：「咱們來沿坦克」、「坦克得加油了……」。因為天氣實在太冷，我們最常說：「咱們回坦克裡吧。」

○

　　我們去了位於聖尤利安（St Julien）附近，由弗雷德里

[30] 譯注：伊珀爾的拼法為Ypres，第一次世界大戰時，英國士兵喜歡故意把Ypres錯唸成英文的雨刷Wipers。代爾與友人在此反其道而行，故意把雨刷唸成伊珀爾。

克・查普曼・克雷默夏（Frederick Chapman Clemesha）設計的
加拿大士兵紀念碑：士兵的半身像安在方型石柱上，與石柱
合而為一。石像頭向前傾，不是朝前面對舊時敵人的戰線，
而是朝後面對伊珀爾。濛濛煙雨環著他，從他鋼盔的邊緣滴

為全人類哀悼？

下。遠方枯枝。天色灰如被雨水打濕的紀念碑石。

　　我們不急著走。紀念碑沒這麼呼籲，也沒這麼要求。它鎮守著屬於它的一小塊莊嚴聖地。經受著雨水和時間，我們和這塊心如止水的紀念碑站在一塊兒。

　　除此之外，我不太確定這塊紀念碑還激起了什麼情緒。既非憐憫，亦非自豪，更不是悲傷。威廉森在表面上不受困擾的同時，也意識到這種不確定感。紀念碑對他來說，是「向所有戰爭中的士兵致敬」。他找了個方法，清楚表達雕像拒絕屈服於能輕鬆了解的回應，同時更進一步概括推論：紀念碑是「為全人類哀悼」──這麼一來，真實的雕像幾乎消失在這種泛泛的情感迷霧裡。這不僅是具有宏偉高度的姿態，也是自打嘴巴的平庸姿態：如果哀悼的對象是全人類，就沒有必要專門悼念這個特定的

　　　　戰場，這兒有一萬八千名
　　　　英國軍隊中的加拿大士兵
　　　　　留下來承受第一波
　　　　　德軍的毒氣攻擊

一九一五年四月二十二至二十四日
兩千人在附近倒下，長眠

魯奧在《光榮戰場》裡形容毒氣攻擊的方式，讓人想到《荒涼山莊》（*Bleak House*）裡滾滾而來的濃霧，或是艾略特的〈普魯弗洛克〉（Prufrock）當中鬼鬼祟祟、偷偷摸摸的霧氣：

> 現在，氯化濃霧瀰漫在互通的壕溝網絡，滲透了防空洞（壕溝少數有加蓋的地方），以路面坑洞為巢穴，躡手躡腳穿過克難的門窗隔間，衝進一直以來免於砲火的地下室；腐爛的糧草和儲備用水有條不紊占據著空間，發狂受苦的人們白廢力氣，只為了找來一口空氣。

從容不迫的文句極度緩慢的開展，漸漸揭露空氣中看似無害的汙斑所能帶來的傷害，直到察覺自己沒了空氣，卻還有好幾句沒讀完，瞬間你就發現自己正在為句點掙扎。景象起初的抒情調子馬上被「扯裂肺和膈膜，在唇邊帶來血泡的

劇烈咳嗽，讓人挺不起腰的酸苦嘔吐」給撕裂。

○

　　約翰・辛格・薩金特（John Singer Sargent）的畫作《毒氣中毒》（*Gassed*）呈現十個人組成的一列士兵正往前行，穿越過一大堆倒臥在隊伍兩旁地上的其他毒氣受害者。他們的眼睛纏上了繃帶，而且像老彼得・勃魯蓋爾（Pieter Bruegel the Elder）的《盲人寓言》（*Parable of the Blind*）一樣，每一個人都用手搭在前一個人的肩上。隊伍中間有名士兵別過頭嘔吐。靠近隊伍前頭的另一名士兵把腳抬得很高，好像以為

僅有的聲響……

前方有個台階。一名勤務兵領路，扶穩隊伍最前面的兩名士兵。更右邊一點，更靠近太陽落下處，是另一群士兵猶豫不決地舉步前行。

前景的士兵們躺著睡覺或休息，彼此互相靠著。有個在用行軍水壺喝水。飛機出現在原本該是鳥兒飛翔的天空，無序飛行著。

在薩金特目擊毒氣中毒士兵時就在他身旁的另一位戰爭藝術家亨利‧唐克斯（Henry Tonks），回想起那幅景象：

> 他們在草地上或坐或躺，起碼有上百人，顯然受著極大的痛苦，雖然我主要是從他們蓋著紗布的眼睛來想像的。

在《毒氣中毒》裡沒有太多的痛苦。或者該說，就算有什麼痛苦，也被畫中的同情壓過去了。雖然有畫中人嘔吐，這片景象截然不同於歐文夢見的毒氣犧牲者，他們的鮮血是「從腐蝕起泡的肺裡湧出口鼻」。薩金特所描繪的反而是盲者的寬慰：那種能夠信任別人的安全感。同時，光線本身似

乎就足以回復他們的視力，柔和的光芒連他們被毒氣毀傷的雙眼都能撫慰。痛苦是吵雜的、喧嚷的。而在薩金特的畫中，咳嗽與乾嘔都被傍晚的寧靜吞沒了。隨著空氣和人們復原，重拾他們溫柔的能力，魯奧在開場描述中的抒情就會重新展露。

易言之，他們回復視力時世界所展現的美麗，已經觸碰過這幅景象。

僅有的聲響，應該是……不對，是我想太多了。

○

戰爭爆發的頭幾個月裡，足球被拿來當作募兵的賣點；有人說，戰爭提供了參加「史上最偉大的比賽」的機會。截至一九一四年底，估計有五十萬人在足球賽時入伍。來年春天，職業足球被禁：人們擔心球賽太受歡迎（一開始的策略扭轉了）會妨礙人們從軍。

在前線，士兵對比賽的熱情依舊不減。一九一四年聖誕日這天，在德軍與英軍間的無人地帶是否有過一場球賽，我們無法確定；但即便沒有，當天已知曾發生的事件完全足以

創造出一場讓敵人彼此惺惺相惜的足球賽傳說。

最有名的踢球插曲，是內維爾上尉（Captain Nevill）在索穆河戰役的第一天把球踢到無人地帶。第一個盤球到德軍戰壕的人就能獲得獎賞；內維爾爬出壕溝尋求得分機會，接著馬上就被封住了。（或許索穆河戰役不單是針對軍事戰略，也是對英國人喜歡打長傳球的指責。）勞倫斯的警告——悲劇就是朝痛苦大力一踢——不會再有更貼切的實現了。

○

朝薩金特的畫靠得近些，比看這樣大小的畫作所需的距離稍微再近。從中毒士兵的雙腿間——特別是隊伍中被嘔吐的人打開的缺口——你能瞥見一場足球賽正在遠處的背景中進行。一隊穿紅衣，另一隊藍衣，球在半空中，飄浮在美麗的晚霞裡。

唯一沒被天色吞沒的聲音，是比賽的喊叫聲，恰好能讓那一列盲眼的士兵聽到。

○

路標同時領著我們穿過歷史與地理：普卡佩勒（Poelcapelle）、佐內貝克（Zonnebeke）、巴雪戴爾。「有很多字眼你再也聽不下去了，到最後只剩下地名還保有尊嚴，」海明威在《戰地春夢》裡這麼寫道。晚他一個世代的湯恩比回憶兒時，「帶著興奮與惋惜，心醉神迷喃喃唸著巴雪戴爾的名字。」斯坎尼爾也著迷於「連串的專有名詞」，它們以不同的排列組合，一次又一次從他的詩裡冒出頭：「巴雪戴爾、巴波姆、以及洛奧和蒙斯（Mons）」；「康布雷、貝蒂訥（Bethune）、阿哈斯、凱莫爾山（Kemmel Hill）」；「巴雪戴爾、凡爾登、門寧路（Menin Road）……。」

我記不得童年第一次聽到像這樣的地名是什麼時候。但我知道自己在歷史書或學校碰到這些地名之前，就在家中聽過這些名字——特別是索穆河。正是在索穆河，歷史和我的家族有了連結，我的家族進到歷史裡。這些地名，好比薛丁頓（Shurdington）、克雷南（Cranham）、伯德利普（Birdlip）、雷克漢普頓（Leckhampton）和徹屈當（Churchdown），是我家族歷史所根源的部分土壤。格羅斯

特郡（Gloucestershire）與法蘭德斯及皮卡地（Picardy）的村落和地標糾纏在一塊兒，這也是葛尼詩裡的特色。

　　他出版於一九一七年的第一冊詩，恰如其分地以《塞文和索穆》（*Severn and Somme*）作書名；他在戰壕以及後來在心理疾病的漫長歲月中所寫的信件與詩篇，一遍又一遍地呼喊著法國北部的景色和他深愛的格羅斯特郡多麼相像，這既是撫慰也是痛苦的來源。在索穆省的受難像角落，「一切都令人想起塞文河」；在另外一首詩裡，同樣的地點則讓他想起克里克利（Crickley）。靠近韋爾芒（Vermand），「矮樹林就像克雷南的矮樹林那樣，只不過帶著修剪過的弧」，像「科茨沃爾德（Cotswold）她的灌木叢一樣……。」聽見布穀聲從「炸爛了的樹林間（傳出）……除了弗雷莫洛德（Framilode）、明斯特沃斯（Minsterworth）、克雷南和故里舊地，〔他〕不會想起別處」。回顧自己在「糟透了的聖尤利安」中毒的時候，〈揮別〉（Farewell）一詩把「伊珀爾」、「索穆」和「歐貝」（Aubers）跟「格羅斯特」、「切爾特納姆」（Cheltenham）和「斯特勞德」的景色成對排列，彼此纏繞。

　　葛尼生於一八九〇年，服役於格羅斯特兵團，我父親的父親也在這個兵團。葛尼生命中最後的十五年在倫敦市療養院裡度過，但當他於一九三七年過世後就葬在格羅斯特近郊。他下葬於特伊格沃斯（Twigworth）的教堂，半英哩內有哈瑟利溪（Hatherley Brook）流經，就從我們沃土的盡頭奔流而過。

〇

　　我們把車開進巴雪戴爾。這個名字的力量沒有隨著時間而減弱。作為詞語，「奧許維茨」和「達豪」（Dachau）已超載著它們身為惡行同義詞的修辭力量。就算在寫作中還沒，至少在口語裡的貝爾森（Belsen）已成為骨瘦如柴的常見隱喻。雖然發生了那場大屠殺，人們鮮少在談論第三次伊珀爾戰役以外的時候提到巴雪戴爾。這些地名非但沒有淪為氾濫的語言貨幣，還得到了一種幾近神聖的光環。它們或許也超載了神聖，尤其是巴雪戴爾。對於那些在場的人而言，巴雪戴爾糟糕透頂，令人心驚膽顫，說它有神聖的光環簡直可笑。保羅大聲念出麥克唐納引用的兩名生還者的證詞：「十

月二日，星期二。又回到砲兵連，但我們還能回到哪？不就
是巴雪戴爾！」另一位則想起

> 這麼不祥的名字──佐內貝克──六十號高地──齊
> 勒貝克（Zillebeke）──你人還沒到，就先被這些名字
> 給嚇壞了，它們有種不祥的氣息。至於抵達巴雪戴爾，
> 則成了最後一根稻草。

這種忿忿不平的忍耐口吻可不只針對地名。

　　福塞爾透過托馬斯‧哈代（Thomas Hardy）的詩，把戰
爭看作大規模的「情境諷刺劇」，嘲諷從劇裡脫穎而出，成
為唯一貼切的表達方式。因而他語帶諷刺地說，「或許《牛
津戰爭詩集》（*Oxford Book of War Poetry*）改用《牛津諷刺集》
（*Oxford Book of Satire*）當書名，也不錯。」對福塞爾來說，
戰爭是一份他讀得比誰都更透徹、更令人信服的文本。戰爭
中的關係人物，自然是用文學批評的用詞來評斷的：黑格因
為「缺乏想像力，對藝術文化的無知」而受責備；他其中一
項軍事計畫「無藥可救的缺乏巧思」，「完全反映作者的特

色」。在這群人當中布魯默子爵「求助於比較機智的傳統，令人耳目一新」，「稱得上英國在大戰中的某種智識英雄人物」。毫無意外，戰爭需要將軍們發揮「軍事版的悟性和創造才能」──這恰好是福塞爾這位「老練的觀察家」所展現的特質。對福塞爾而言，說反話是能言善道的同義詞──使戰爭最深刻的嘲弄風格變得格外諷刺的，或許是「『最不該抱怨的』工人階級抱怨」。（薩松不單單嘗試用現實中的詞彙描寫戰爭；他還嘗試替抱怨找出詩意的措詞。）

　　在散文的作家中，曼寧最擅於傳達這種俯拾皆是的習慣用語。

　　　　「閃姆怎了？」〔伯恩〕問。
　　　　「回後方。腳受傷。」
　　　　「德國佬先前對我們狂轟濫炸的時候這人就已經受傷，」明頓的解釋跟事實一樣冷淡銳利。
　　　　「那個腳底抹油的，每件事都拿他腳開脫，」托澤中士說。
　　　　「讓我看見這人，這人就不需要他手腳了，」明頓說

得冷漠。

戰壕歌謠如〈老營隊〉（The Old Battalion）恰可比喻
為用音樂闡述的典型的默然接受，其效果在《一將功成萬
骨枯》（*Oh What a Lovely War*）裡最為人所知。這部戲首先
在一九六三年由瓊・利特伍德劇場工作室（Joan Littlewoods
Theatre Workshop）搬上舞台，到了一九六九年，理查・艾登
保祿（Richard Attenborough）拍成電影以後，《一將功成萬骨
枯》獲得了更多的觀眾。這電影我斷斷續續看過幾遍，但因
為既不喜歡音樂廳，也不喜歡戲院，所以沒有留下太深刻的
印象。直到我把它當作文本閱讀──刻意抵抗開頭警告「此
為劇本，應作劇本讀之」的附注──才找到一種讓我有所感
觸的版本。針對黑格與其他的將軍的挖苦仍然是靠粗魯的嘲
弄描摹，但其中的戰壕場面堪稱最精彩的戰爭寫作之一。作
家或許習慣訴諸諷刺，不過士兵則是靠著諷刺的人道版本來
表達感受：搞笑模仿。

聖誕節前夕，德國人唱「平安夜，聖善夜」；英國人則
用他們專屬的插科打諢作回應：

在野營裡過聖誕節，

一整年最快樂的一天，

大家滿心歡喜

一肚子啤酒，

輪到二等兵肖特豪斯說話，

他一臉厚顏無恥，

說，「我們才不要你的聖誕布丁

拿去塞你的……」

多讓人安心快樂的消息啊，安心快樂……

　　隨著劇本開展，幾乎整本書觸及的題材都採用類似風格
處理。想要取代《毒氣中毒》的沉思冥想，有：

他們警告我們，他們警告我們，

發給我們四個人一個防毒面具。

謝你的幸運星，我們當中有三個很能跑，

剩下那一個就能獨享面具啦。

有個士兵聽到「那些受了傷的可憐蟲在無人地帶呻吟」，說「聽起來就像牛市」。而士兵兼寫手的文學努力也嚐到類似的輕慢：

士兵二：他在幹什麼？

士兵三：寫信給他愛人啦。

士兵二：哇塞！又來了。

士兵三：寫到第三本啦。我的小親親，昨晚我在地獄火角落等妳等了兩小時，妳居然沒出現。該不會妳不愛我了？屬名——哈利·霍利浦斯。

士兵二：她長怎樣？

士兵四：可愛啊。

士兵二：真的嗎？

士兵三：我賭她的鼻子長得就像五吋砲。

士兵四：你閉嘴好不？我在想辦法集中注意力。

士兵五：你又再幫那份報紙寫稿了？

士兵四：是啊，他們都不懂自己見證了《雨刷報》[31]的誕生。喏，想聽聽我剛寫了什麼嗎？

士兵二：沒興趣。

這齣劇以一首歌作結，結束得完美又恰到好處；歌裡預
料想告訴別人戰壕裡發生了什麼是如何不可能的事，就像巴
比塞作品中的那段文字：

一旦他們問起我們，他們當然會問我們，
我們怎麼沒拿到英勇十字勳章，
唉，我們絕不告訴他們，唉，我們絕不讓他們知道
是有前線，可該死的，我們哪知道前線在哪裡。

《一將功成萬骨枯》並非以傳統意義「寫作」而成；它
是從劇場工作坊所有成員的密切合作中誕生的。福塞爾在一
段個性獨具的旁白裡指出「很難不去相信這場戰爭是某個人

31 譯注：一九一六年，進駐伊珀爾的諾丁罕與德比郡軍團在戰場上發現比利時人
遺留的印刷機，便在前線開始發行自己的雜誌《雨刷時報》(Wipers Times)。《雨
刷報》其實就是在影射《雨刷時報》。

早就編好的劇本」。麥克唐納最珍貴之處就在於她的書稱不上一份文本，而更像是經過仔細排列的原始資料堆疊，沒有《一將功成萬骨枯》那種「精心雕琢」的痕跡。從來沒試著在紙上記錄親身經歷的士兵（就像我外祖父），他們的心聲保存在《一九一四》（*1914*）或《索穆》（*Somme*）裡。一種不一樣的、「低階層」或非文學的體裁，重現了福塞爾所認同的喻體，同時也認可、證實了許多他的主張。

薩松在《步兵團軍官回憶錄》（*Memoirs of an Infantry Officer*）裡的評論，「出身行伍的人不會去欣賞落日的象徵」，意味著福塞爾對日落的精湛分析只有文學上的重要性——但落日能用抒情的光芒照耀哪怕是最沒文采的人的敘述。無獨有偶，麥克唐納所記錄的某個事件，既支持了福塞爾對戰爭如何諷刺地得到運動精神背書的冗長研究，同時也把運動精神從紐伯特式的公學環境裡給擰出來。[32] 在一陣砲

---

32 譯注：一八九二年，亨利・紐伯特（Henry Newbolt）寫了一首名為《生命火炬》（*Vitaï Lampada*）的詩，內容描寫公學裡的學生，未來的士兵，如何在板球賽中學習到各種德行。

擊當中，派屈克·金恩（Patrick King）中尉朝各處呼喊，想知道自己的弟兄是否安好。他得到的回答是：「沒事，我們都在這啦，你個愛爾蘭人。我們還站在打擊區哩。」

這種逆來順受的坦然語氣出乎意料的管用。它能包羅好一部分列在《大戰與當代記憶》裡的修辭技巧。福塞爾發現十七世紀基督教作家約翰·班揚（John Bunyan）的《天路歷程》（*The Pilgrim's Progress*）提供了一份象徵的戰爭地圖（巴雪戴爾就是其中的失望泥沼〔Slough of Despond〕）；麥克唐納的一位受訪者輕描淡寫地說，「突出部就是個無謂損失，」接著從班揚那跳了十行形容突出部：「完全是片令人反胃的荒蕪。」

○

這頗能總結我們對巴雪戴爾的感覺。我們在超級市場買了麵包、水果和醃肉，接著去買咖啡。早上十一點，咖啡店已經滿滿都是人、啤酒和菸味。

「一算錢，我們才發現幾乎涓滴不剩，令人沮喪，」威廉森在一九二七年這麼寫道。「錢流落何方呢？」

保羅說，「我們花在啤酒上的錢一定比想像中還多」，
接著在筆記本背面重新檢查支出。不管怎麼算，錢正不斷從
我們指縫間溜走。經過進一步的痛苦計算後，我們把這一切
歸咎於匯率。幾個星期前英鎊跌到紀錄新低，後果就是我們
坐在巴雪戴爾，舔著自己的財務傷口。

○

離開咖啡店，我們朝泰恩小屋公墓（Tyne Cot Cemetery）
前進，那是一大片綿延開展的死者之城。就像任何一座大城
市，它保有雜亂無章的舊城中心：大約三百座停戰日後在這
兒發現的墳墓。此後城市拓展成一系列幅射狀的扇形區塊和
郊區，容納超過一萬一千名在鄉野戰場送命的死者。就連粗
糙的德軍碉堡也在城市的和平擴展中融入市景。

雨水把墓碑旁的泥土打成火山口和坑洞，泥水弄髒了石
碑。各處的草皮都磨禿了。灰色的天空挾著寒意。花木已修
剪到莖處。不難想像葉落只是大自然為冬天而撙節的第一個
階段。時間一到，樹枝就會縮回樹幹，樹幹縮回大地，直到
地面只剩下嚴寒摧殘的墓碑為止。

天氣冷到我們才待了一會兒，保羅就說，

「咱們上車吧。」

「坦克，保羅，是坦克。」

「對不起。『坦克』。」

「還有，當你說『坦克』的時候要說『長官』。」

「『坦克』，長官。是，長官。」

我們的下一站是六十號高地博物館（Hill 60 Museum），在接下的旅程中我們都稱之為《異形奇花》（*Little Shop of Horrors*）。如果說六十號高地在不祥地名名單上似乎格格不入——像是越南的迷途羔羊——那麼這間博物館馬上就能說服你，它絕對有資格被列入名單。大門口處有間用戰時小擺飾裝飾而成的「主題」咖啡館。刺耳的唱機播著其中一首令人毛骨悚然的戰爭老歌：「離蒂珀雷里還遠……」簡直就是歷史易開罐。

　　博物館主建築的第一個房間主要擺放立體圖片觀賞器。亮褐色的立體照片：成排炸爛的樹往歷史裡隱退；對過去誇

大不實的觀點。灰塵覆蓋每一件東西，布羅茨基管這叫「光
陰的身體」，「時間的血肉之軀」。牆上排滿照片，滿身泥
濘的死人照片。喇叭裡傳來另一首戰壕歌謠〈老營隊〉，音
響發出沙沙聲和老唱片獨有的炒豆聲：

> 你要是想找到那支老營隊，
> 我知道他們在哪：
> 他們就掛在那鐵絲網上囉。
> 我看過他們，我看過他們，
> 就掛在那鐵絲網上囉。

　　下個房間裡滿是難看的制服，和壞掉的刺刀、左輪手槍
跟砲彈殼等各式各樣的雜燴。有幾雙石化的軍靴，一把鏽到
像是從珊瑚礁中打撈上來的步槍殘骸。潮溼的灰塵味——潮
溼腐壞，腐爛的灰塵——瀰漫著這個地方。活脫像是斯特普
托父子[33] 開了間帝國戰爭博物館的分館。
　　我們走出玻璃門，走進積滿雨水的戰壕溝渠。這邊每件
東西都是鐵鏽色的。面對現實吧，不只那一片片本來就會生

鏽的波浪鐵板，連泥土跟葉子都是這個顏色。一切都將變成鐵鏽。泥土是混了灰塵的陳年鐵鏽。水是液態的鐵鏽。

○

坦克現在已經一團亂了。扔滿了香腸紙、麵包屑、耐油紙包裝、柳橙和香蕉皮。我們每轉個彎，啤酒罐就從車廂地板上匡啷滾過。幾乎看不到一平方英吋車體外觀原本的烤漆。就連車內都結滿了我們用靴子帶進來的泥巴塊。

保羅開著車。我們在十字路口停留。他把車子往大路上開。

「小心！」

一台正在大路上超車的卡車呼嘯而過，只差幾英吋就要撞到我們。我們全都嚇傻了。接下來一個小時我們連一句話都沒說。

「想想這對你的書會有什麼宣傳效果，」馬克說。「還

---

33 譯注：《斯特普托父子》(*Steptoe and Son*) 是英國廣播公司一台（BBC 1）於一九六二至一九七四年之間拍攝的情境喜劇。

沒正式動筆，你就掛了。」

　　「這本書又不是在寫保羅的開車技術，」我回。「沒有任何英文詩足以形容他的技術。」

　　「死在坦克裡是如此甜美而光榮，」保羅表示。

○

　　梅辛訥山脊公墓（Messines Ridge Cemetery）座落在遠離路邊的一處謐靜樹林裡。墳頭蓋滿落葉：有黃的、帶黑斑的、棕綠色的。公墓的後方是一道古典風格的柱子搭成的拱廊。最輕柔的微風便足以將樹葉從樹上扯落。野雞窸窣走動的聲音打破寂靜。雨水從樹葉的縫隙間滴落。鳥鳴沉悶。

　　青苔把墓碑變成綠色。雨滴濺起的泥巴掩蓋了「其榮耀無以掩蓋」幾個字。

　　年復一年，這裡越來越難守住光陰。掩蓋四分之一世紀的苔蘚只消一年就能長成。光陰試著彌補失落的時光。不出幾年，這座被人遺忘的古典廊柱墓園就會像是一片古代遺跡。如果機關槍因為前無古人的破壞力而被稱為「步兵的濃縮精華」，那麼此處可謂擁有往日的濃縮精華。這就是往日

期待看見的自己的模樣。

○

　　我們去了蘭厄馬克（Langemark）遼闊的德軍公墓。門口躺著一堆馬糞，應該不是故意的。這裡的萬人塚大概有兩萬五千人。四尊人像立在「戰友之墓」（Kamaradengrab）的邊上，銀灰色的天空襯托出他們的輪廓。人像近看雕得不怎麼樣，遠看時，則為這地方增添了十分荒涼的感覺。彷彿他們正低著頭進行的一分鐘默哀延續到了永恆。低矮的灰柱上刻著人名。右手邊則是一片片方形石板打造的個人墓碑。

　　沒有顏色，沒有花，也沒有什麼特別突出。作為個體的死者並不重要；他們不過是組成國家的元素。沒有個人碑銘，沒有華麗詞藻。只有人不免一死的平淡事實——就連死亡都被縮減成荒涼、黯淡的最小存在。這就是戰敗的意義與下場。

○

　　坐落在羅瑞特聖母院（Notre Dame de Lorette）旁的法

軍公墓占地二十六英畝。這裡有兩萬座記名墳墓；藏骨堂則
放了另外兩萬名無名死者的遺骸。天氣滴水成冰。風沿著灰
色的山崗流過。風不是某種從空中吹過的東西。天空裡什麼
都沒有，就只有風。就只有風。一排排十字架延伸出去，長
到彷彿能看出地球表面的彎曲弧度。十字架的正反兩面都寫
上了人名。墓區的規模無法想像。就連十字架上的姓名都不
具意義。只剩數字還有意義，傷亡的規模。然而，傷亡規模
甚至大到把自己給吞沒了。撼人、驚人、麻木了人。薩松的
念不完的人名在這裡化身為數不清的數字。你呆若木雞，吹
過衣服的風呼嘯作響，凍灼你的雙耳，直到你發現自己就要
消失：面對這樣的風，面對這一大片失去的生命，你難以自
持：你什麼都不是。這裡容不下活人。那風，那寒，逼你離
開。

○

　　我們朝南走，沿西部戰線而下，直指索穆河。唱著〈老
營隊〉或扯著假的大戰術語自娛。保羅和我把馬克假想成二
等兵黑賀斯特，在每句話前都像軍官那樣加上「我命令」

或「給我看這裡」。馬克雖然開始以忠誠的僕役兵口吻說話，但他是個懶鬼，什麼都沒做，只會在後座看《死神的弟兄》。我們的飯店是「營房」。明天晚上去酒吧，我們稱之為「勞軍秀」或「特技表演」。我們都要搞不清自己究竟是在放一段陰鬱的假期，還是正在進行喧鬧的巡禮。

在這一點上，我們可不是第一批感到不確定的人。英國軍團與聖巴拿巴會（St. Barnabas Society）安排了補助行程，讓付不出旅費的戰死者親人能夠前往自己所愛之人下葬的墓園巡禮。

在吉卜林扣人心弦的雋永故事〈園丁〉（The Gardener）裡，女主角海倫·特端爾就曾經歷過這樣的巡禮。自從姪兒麥可的父親（也就是海倫的弟弟）在印度過世之後，她便一手將麥可拉拔長大。後來麥可戰死，埋在哈垠齊勒第三軍人公墓。[34] 這是個廣大的墓園，在兩萬座墳墓當中只有幾百座安上了白色的墓碑石；剩下的則插成「一片無情的黑色十字架海洋」。迷失在一整片墳墓荒原裡，海倫走向一個跪在一

[34] 譯注：哈垠齊勒第三軍人公墓並不存在，是吉卜林虛構的。

排墓碑石後的人。這人「顯然是個園丁」，他問海倫要找誰，於是她給了姪兒的名字。

> 在他從新植下的草皮走向光溜溜的黑色十字架以前，這人抬起頭，以無比同情的眼神看著海倫。
>
> 「跟我來吧，」他開了口，「我帶妳去妳兒子安眠的地方。」

故事就在這裡打住，停在這個帶耶穌色彩的角色所說的話。有三行的後記，記著海倫在離開公墓時回頭望去，看見那人再次彎下腰照料他種的植物，「心想他一定是園丁吧」。

大多數踏上巡禮的人是像海倫這樣痛失親人的女人。不過，想再訪戰場的老兵們沒多久也加入了巡禮的行列。這類旅程往往不怎麼舒適，但還是有很多旅客想來場沒那麼辛苦、陰鬱，沿著法國和法蘭德斯的戰壕繞繞的旅行，而且也願意花錢這麼做：簡言之就是，觀光客。菲利浦·約翰斯頓（Philip Johnstone）在他首次出版於一九一八年的詩〈高聳森林〉（High Wood）裡，已經狠狠挖苦過這些戰場旅遊團了，

又是一個預見未來的例子：

女士，請注意，

親切提醒您避免碰觸

或帶走連上的財產

當做紀念品；妳知道，我們有販賣

各種各樣的東西，都是正品。

如我適才所說，一切皆如原樣，

這是一位不知其名的英國軍官，

合身上衣是最近才開始爛的。

請跟我來──走這邊……

　　　請走步道，先生，麻煩您……

　　麥克唐納將一九二〇年的伊珀爾形容為「旅遊業史上第一次爆炸性成長中人聲鼎沸的聖地麥加」，或許是有點誇張了；不過，一九三〇年門寧門的訪客簿確實在三個月內就累積了成千上百的民眾簽名。其中許多人抱著類似約翰斯頓筆下的訪客，或費茲傑羅（F. Scott Fitzgerald）《夜未央》

（*Tender Is the Night*）裡亞伯·諾斯的態度而來，諾斯在紐芬蘭紀念公園（Newfoundland Memorial）裡，讓迪克·戴弗和羅絲瑪莉領教了一陣「泥塊和礫石」的假手榴彈攻擊；更多人則是在離開的時候學到了迪克的精神，他「抓起一把石頭想回敬，又把石頭放下來。『我不該在這裡開玩笑，』他滿懷歉意地說」。

　　既可以理解又帶著歉意，鮮少有哪本小說像《夜未央》浸潤在大戰的回憶當中。迪克用「半諷刺的說法，『非戰鬥員砲彈休克』」總結了本書的主要關懷。

　　小說一開頭，時間設定在一九一七年，迪克正踏上前往蘇黎世的路途，經過「一長列或瞎或瘸的人，或是樹木殘幹」。他第一次和妮可相遇的診所，是一個「收容斷手斷腳、殘缺不全、危險之人的避難所」。「戰爭結束了，」她說：「而我幾乎感覺不到有戰爭」──但妮可的精神不穩定或許與戰爭無關，但他的精神狀況無時無刻提醒我們戰爭的存在。她的笑容「像這個世界所有逝去的青春」。即便逝去的青春是費茲傑羅不變的主題，但每個人至深的關懷往往也從屬於更宏大的歷史面向。一九四七年，費茲傑羅的妻子

薩爾達（Zelda）在他過世七年後，在一封信裡寫著：「我不認為人的個性能和孕育它的時代斷絕關係……。我覺得史考特最大的貢獻在於將心碎＋絕望的時代描繪地淋漓盡致……。」費茲傑羅本人在一九一七年寫著：「畢竟，除了青春，生命也沒什麼能付出……我遇見過的每一個經歷了戰爭的人，我說的就是眼前這場戰爭，他們似乎都失去了青春以及對人的信任。」

　　與此同時，在診所裡，妮可身邊的其他人，全是那些因戰爭而直接或間接心理受創的人：「就連隱沒在好一段距離之外的空襲聲，都能造成砲彈休克」或「幾乎讀不下報紙」。流行飾品，比方說貝雷帽，是要試著遮掩「最近動過刀的頭殼。帽簷下的雙眼靜靜凝視著。」儘管妮可富可敵國，就連他們親熱的悠閒時光也被戰爭不祥的聲響包圍著。

　　剎那間，湖對面的葡萄園傳來爆炸聲；大砲打向飽滿的雲層，好打散它們……旅館蜷伏其中，喧囂、混亂而昏暗。

幾年後，迪克與妮可的婚姻出現裂縫，而且迪克愛上了另一名年輕女子，那時的他和友人就參加了一場紐芬蘭戰壕之旅。

我們在十一月的清晨裡抵達紐芬蘭紀念公園。天空是停戰的白色。戰壕還在，但鐵絲網沒了——終究還是拆了，因為羊兒老是困在裡邊——砲彈坑長滿了草，讓這地方看來有如一座高難度高爾夫球道。

相較之下，費茲傑羅在迪克造訪的章節〈受害者〉中刻意鋪陳，好讓這一幕彷彿確實發生在真實的戰爭期間，或者彷彿戰爭到了一九二五年還沒停：

迪克在縱牆處轉身，繼續順著壕溝的底板走去。他走到潛望鏡前，從裡面看了一會兒，接著站上射擊台階，從掩護矮牆後往外盯著。昏暗的天空下，在他面前的是博蒙阿梅爾；左手邊則是淒慘的蒂耶普瓦勒高地。

幾分鐘後，讀者就會發現這幾位朋友只是來觀光的，並非前線的戰鬥員——雖然他們當然也算是「受害者」——費

茲傑羅將所有描寫戰爭的文字裡最著名、最優美同時也最動人的一段賜給迪克。

　　看看那條小溪——我們只需要兩分鐘就能走到那兒。英國人卻花了一個月——一整個帝國緩步而行，垂死於前線，從大後方推進。另一個帝國則是每天緩慢退後個幾英吋，留在原地的死者就像百萬張血淋淋的小地毯。這一代的歐洲人不會再重蹈覆轍了。

　　西線的戰事，短時間內絕不可能再來一次。年輕人以為自己可以，但其實他們不行。他們可以再打一場第一次馬恩河戰役，但索穆河不可能。這一仗，打掉了宗教，打掉了衣食無憂的歲月，打掉了巨額的擔保和正確的階級關係。

　　天雖然冷，紀念公園裡還是有很多其他訪客。比較小的墓地都荒廢了。訪客留言簿有時會出現三、四個禮拜的空白。民眾通常是來造訪特定的墳墓：比方說大伯、祖父等。這些親密的題詞總令人感動，尤其對許多人而言，這場巡禮

一直是他們的畢生心願。

　　不過，大多數留言都很普通：「安息吧」、「懷念」、「我們會緬懷他們」、「永誌不忘」和「很感人」。有時是一派輕鬆的致意：「一切都好，夥計」，「哥兒們，好睡啊。」也有對墓園本身的評論──「安詳」、「美麗」──許多人表達了更多對戰爭的看法：「徒勞無功」、「別打仗了」、「別再重來」。所有的留言都是發自內心的，就連證明愚昧力量無比強大的「他們為自由而死」或「為了文明」等留言，最終不也就是意味著與原意相反的：「他們死得毫無價值。」一些來自北愛爾蘭的遊客在紀念阿爾斯特師團被屠殺士兵的康諾特公墓（Connaught Cemetery）寫下「絕不屈服」。其中一條，來自安迪・齊利（Andy Keery）的留言寫著：「絕不投降。以身為阿爾斯特人感到光榮。」他的朋友在下面寫著：「絕不投降。我跟安迪一起的。」人們偶爾會引個幾句詩。我寫下我自己的簡短對子：

　　　　一堆人寫什麼「絕不投降」。
　　　　執迷不悟才這麼記著。

　　人們的留言有時候性格到令人摸不著頭緒：「牽引機上的傢伙用他魯莽的駕駛技術毀了一切。無名氏落款」——無名遊客。一九九二年十月十日，葛雷格・道森（Greg Dawson）在泰恩小屋公墓寫下：「我們可真是給了這些法西斯一點教訓！」另一個人畫了個大衛之星，寫著：「六百萬猶太人呢？」有人在下面回：「老兄，打錯仗啦。」這句話馬上成為我們三個人之間的名言錦句：也不管合不合用，我們對每句評論都打趣的回應：「老兄，打錯仗啦。」

　　一名相當認真的學生，在謝菲爾德紀念墓園（Sheffield Memorial）憑著仔細推敲過的細節寫了篇短文，指出邱吉爾是最該為索穆河戰役負責的人。他甚至加了條注腳，引用A・J・P・泰勒，附上完整的頁碼、出版地與出版時間。另一位遊客不想被拉進瑣碎的學術爭論，就只在頁緣潦草寫著：「垃圾！」

　　有時候，留言的確會形成對話，最明顯的例子發生在里丹山脊（Redan Ridge）的一處公墓。討論的主題，恰好就是謝菲爾德紀念墓園那位反泰勒的遊客說的：垃圾。

　　有三座小巧墓園完美坐落在里丹山脊。其中一座的旁邊

有堆臭氣熏天的農家垃圾。一九八六年七月十日的一條留言
傳達了大多數遊客內心的感受：「他們居然得長眠在旁邊有
垃圾坑的地方，真是丟臉。」[35] 再往後幾頁，經過許多聲援
前者的評論之後，第一則反對聲音出現了：「如果遊客無法
體會造訪此處背後真實的悲傷意涵，只懂出現的垃圾堆，那
麼他們的出現讓我感到噁心。」

　　此人打住辯論的嘗試反而導致群情更加激憤。留言的語
調變得激昂好鬥：「這些垃圾對於我們對二等兵湯米‧阿特
金斯的緬懷，簡直是連稍加遮掩都不屑的侮辱。」彷彿想要
侮辱下一個留言者似的：「還真恰當：在人類製造的垃圾
旁的人渣。」這樣的留言意味著此後因為垃圾而感到冒犯
的人，他們的憤怒不單是衝著丟這堆垃圾的農夫，也是針對
那些稍微原諒了農夫的人──而這些人的回應則反過來變得

---

[35] 足以和這場垃圾堆論戰相互輝映的是，一九八一年工黨領袖麥可‧福特（Michael
Foot）出席在和平紀念碑前舉行的國殤紀念典禮時，因為穿了件代表工人階
級的「驢外套」（donkey jacket）而引發一陣熱議。根據《每日電訊報》（*Daily
Telegraph*）的報導，福特是「以流浪漢彎腰檢查菸屁股所需要的一切尊嚴」放下
花圈的。

更加挑釁：「他媽的垃圾堆——這些人活著死了都在裡面打滾。垃圾難道不是生活的一部分？」

是不是還很難說，但好幾個月以來，垃圾在訪客留言簿裡的角色已經遠比墓園更重要了。漸漸地，爭論本身變成了爭論的主題。垃圾堆罷黜了這座墓園；現在，這兩者也不太重要了，因為真正的注意力焦點已經變成：訪客留言簿。你可以想像這本留言簿與戰場旅遊合而為一，成為民眾造訪的主要動機。有人注意到了這點，寫著「老實說，相較於荒謬的垃圾堆長篇故事，人命的虛擲顯然更值得評論」。

每個人都想一槌定音，卻都招來回應。垃圾爭論和對垃圾爭論的爭論無止境地自我延續。因此，當我讀到一九九一年九月九日的這條留言時，內心有點失望：「很高興，垃圾終於不見了。」

○

我是在一九九二年十一月九日記下這些事情的。這是我第二次來到這裡，再次站上同一塊地，有種奇妙的滿足。我在訪客留言簿上找到自己的筆跡，證明了我上一次的造訪。

當時的季節和現在不同；現在，天幕低垂，彷彿棕色的地面蓋了一片汙泥。空氣如鐵一般冷冰。雨是橫著打的。農場垃圾分解的腐爛味瀰漫整個風景。我提筆寫下：

繼九一年五月九日，我上次造訪後回到這裡。

附注：垃圾也回來了。

這些訪客留言本的紙張，都是夾在綠色的活頁本裡。空白頁沒了，就把新的夾進去。那舊的去哪兒了？燒了？還是整理成檔案？如果是後者，那麼或許有一天某個學者會搶救這些紙張，把這些原始資料當作對戰爭態度全盤研究的基礎；研究如何紀念，以及如何錯誤地紀念。這些資料絕對足夠寫滿一本書：來到這裡的人倍受感動，想要留下他們的心情，表達一點想法。

至於**這本書**，可以說是一則延長的留言，匆匆寫在從索穆河畔某個公墓的訪客簿裡扯下來的紙上。

○

　　因為天氣以及旅費節節高升，我們決定放棄待在蒂耶普瓦勒過停戰紀念日的計畫。我全力支持繼續前行，希望再跨一大步到奧爾（Ors），也就是歐文下葬的地方；可是，如今他們對我的領導起了嚴重的質疑。保羅跟馬克不肯再走。

　　「我命令你們去什麼該死的地方，你們就給我去。」我被逼得這麼說。

　　「不然你就怎麼樣？送我們去軍事審判嗎？」馬克回。

　　「耶。滾開啦，希特勒。」保羅說。

　　「打錯仗啦，老兄。」馬克和我大喊。

　　我們決定在鳴金收兵回布洛涅以前，先調頭拜訪維米山脊（Vimy Ridge，先前我們在南下時因導航出錯，錯過了）。

　　既然停戰紀念日已經和國殤紀念日合併，實在沒什麼理由在這裡待到十一號，不過在開去維米的路上，我開始思索日期的重要性——一九一四年八月四日，一九一六年七月一日，一九一八年十一月十一日——以及大戰記憶的漲退潮受日曆的引力影響到什麼程度。

　　詹姆士・楊在他對大屠殺紀念的研究中指出

一旦紀念的事件和日曆上的某個日子連在一起,這個日
子彷彿就被比時間本身還重要的存在給祝聖了,日期的數
字難免會喚起事件的回憶,以及回憶所創造的意義。

紀念事件的實際日期落在哪一天就像人的生日一樣,往往是
沒有理由的。不過在大戰的案例中,戰爭分秒不差地結束在
第十一個月的第十一天的第十一小時,在這一天這一刻停止
敵對的時間重要性是事先精心決定的。如過這麼做是為了將
未來對戰爭的記憶集中成一個深刻的焦點,這絕對是最好的
安排:缺少如此精準的時間定位,國殤紀念日各種儀式的效
果一定會大打折扣。第二次世界大戰以後,這樣的時間定位
就消失了。現在的國殤紀念日可能在十一月十一日當天,或
者十一月十一日的前後三天。因此才有了先前所說的那種感
覺:在和平紀念碑前,人們記得的是共同紀念的舉動。過去
與現在,不太整齊地排在一條線上。

透過其他方法,它們會被拉得更靠近些。像是歐文誕生
百年與逝世七十五週年的一九九三年(又是以這位詩人的形
象紀念戰爭的例子)。一九九三年同時也是停戰的第七十五

週年。一九九四年八月四日則標誌著戰爭爆發的第八十週
年。這些日期都是路標。在對大戰的記憶隨著時間消逝之
際，大戰以更強而有力的方式運用這些記憶為人們指路。這
與塞拉耶佛最近發生的事件沒什麼關連，[36] 相較之下，跟另
一個簡單的常識比較有關：我們正逐漸接近戰爭恰好發生於
一百年前的那個時刻。至於二〇一四——二〇一八的紀念活
動，則將象徵著時間上的百年日全蝕。屆時，沒有哪個打過
這場仗的人還能活著紀念這場戰爭。

「成千的婚姻
可以走得更遠一點……」

　　一如紐芬蘭紀念公園，在維米山脊的另一座主要的加拿

---

[36] 譯注：本書首次出版時間是一九九四年。當時波士尼亞戰爭正在進行，代爾所
說的事件是塞拉耶佛圍城戰役（Siege of Sarajevo），該年初塞爾維亞軍的攻擊造
成塞拉耶佛平民死亡，最後導致北大西洋公約組織派兵介入。此次圍城戰役一
共延續了三年又十個月多，是現代戰爭史上最長的圍城戰。

　　大士兵紀念碑，也坐落在寬闊的公園裡，公園裡的戰壕都細
心維護。有條路穿過稀疏林子，蜿蜒到公園。突然間，紀念
碑隱然降臨於視野：兩座白色的高塔，每一座塔都有尊搖搖
欲墜的人像靠坐在接近塔頂的地方。陽光像把刀劃開雲層。

　　兩條一模一樣的步道延伸橫過草皮。兩尊人像，赤裸的

維米山脊：加拿大士兵紀念碑

男人與赤裸的女人，夾在登上紀念碑的台階兩側。雪白的石
頭。塔高不好估計。一百英呎？還是兩百？無從得知：旁邊
沒有東西可以兩相比較。紀念碑卓然自立，度量它的念頭因
而顯得微不足道。塔底，有一組人像在雙塔之間，朝著坐在
上面的人像高舉火炬。他們之間的距離不可以道里計。

　　牆上刻著加拿大失蹤士兵的名字：有一萬一千兩
百八十五人不知葬在何處。我繞圈走到東側，有組人像正要
毀掉一把劍。遠處，另一個角落又有類似的一群人像，從這
個距離我看不清細節。在這兩群人像中間是一尊身上披蓋著
布的女人，石頭雕的長袍垂在地上。這尊人像可以是數千年
來任何一個悲痛的女性，從聖母憐子圖裡垂淚的童貞女，一
直到照片裡裹著披肩、頂著寒意的守寡農婦。她下方的墳塚
上放著一把劍與一頂鋼盔，雙塔的陰影延伸到草皮上。

○

　　這座紀念碑花了十一年才完成。一九三六年紀念碑終於
揭幕，是最慢完成的大戰紀念碑。負責設計的雕刻家華爾
特・歐渥德（Walter Allward）如此解釋紀念碑的象徵意義：

悲痛的女人代表加拿大，一個哀悼她死去孩子的年輕國家；
她左手邊的人像表現了加拿大對無依無靠的人的同情；右
手邊的衛士正毀去戰爭之劍。犧牲從兩根柱子中間試著把火
炬丟給戰友。高居塔頂的人像則象徵著榮譽、信念、正義、
希望與和平……。這一串的美德讓人想起首相勞合‧喬治在

哀慟……

一九一四年九月的演講，當時他列舉了

　　對國家來說尤其重要的永恆大事——我們早已遺忘的
榮譽、責任、愛國心的壯闊峰頭，還有犧牲，這一座覆
著皚皚白雪、像根粗糙的手指頭指向天堂的高聳山尖。

　　歐渥德雪白的紀念碑，看起來就像勞合・喬治言詞的化
身。責任和愛國心沒了；榮譽與希望、和平一起成為譬喻性
的裝飾；犧牲則絲毫未損：難以估計、高聳入雲——但犧牲
的意義，也因為戰爭而改變了。這個地方面對著犧牲的意義
所帶來的後果。

　　如果排除那個象徵性的「衛士」，這座紀念碑沒有任何
與軍隊有關的人像。墳墓上的鋼盔是和它要紀念的戰爭唯一
有關連的清楚象徵。塔底的人物使勁向上，竭力超越、戰勝
自己的痛苦，直到他們能像頭上的人像那樣克服痛苦，倒在
天空的懷抱裡。一尊凝視大地的女人平衡了這種令人眩昏的
莊嚴。哀傷使她無語，她不向老天訴苦，雙眼只是直盯著地
面，試著調適傷痛，佇足在失落裡。

　　戴—路易斯寫道，歐文「沒有多餘的憐憫可給喪親的女人」。相較之下，維米山脊不像在紀念死者或抽象的犧牲概念，而是在紀念悲慟的現實：這不是一座獻給無名將士的紀念碑，而是獻給無名母親們的紀念碑。

　　我記得曾讀到有一位軍人去拜訪死去戰友的母親：「『我失去了我唯一的孩子，』她只說了這句，就悲慟得說不出話。」

　　接著，「悲慟」這個我用了好多次的詞彙，從原有的意義中飄浮起來，變成某個聲音，某個意義突然消失不見的抽象字母排列。悲慟、悲慟、悲慟。我對自己念著這個詞彙，直到它逐漸與它向來具備的涵義再次團圓。

○

　　波斯灣戰爭結束時，我住在紐奧良。黃色的絲帶纏繞了這座城市，每天晚上都有士兵返家與他們的愛人或甜心團圓的新聞報導。擁抱與眼淚、銅管樂隊演奏、親吻，以及父親遠在科威特沙漠時出生的寶寶。

　　至於那些沒有女朋友，沒有妻子，沒有甜心可以團聚的

士兵呢？孤單的人。再次重回孤身，被滿是紙絲帶的團圓包圍，令我想起一張沒人可以幫忙拍的大戰照片。

　　褐色的天氣。肩著自己的裝備，往火車站走去。照慣例踏上回家的路。默默無言，咳個幾聲。天空低垂在沉悶的郡。一個個車站的名字。一張張死人的面孔。雨落在被煙燻過的小鎮。從此以後的生活就是這個模樣了：從被雨打濕的窗戶向外凝望，期待著什麼來結束這趟旅程。經過許多房舍與溪流。一大片濕淋淋的蕁麻田。

○

　　從車裡往後一瞥，那些靠在兩座高塔邊的雕像，讓高塔看似經過戰爭摧殘的樹：像樹枝的根部，突出在炸剩的白色樹幹上。

「林木焦黑的骨架」

　　幾乎所有對戰爭的描述，都在模仿、重複，或是擴增巴

比塞在《戰爭日記》（*War Diary*）裡的洗鍊紀錄。哈羅德‧麥克米倫（Harold Macmillan）覺得「全然的荒蕪和空虛，是近代戰場上最不可思議的事。戰場上看不到什麼跟戰爭或士兵有關的東西——只有開綻、碎裂的樹」。一九一七年六月，劉易斯在寫給艾茲拉‧龐德（Ezra Pond）的信上說，「除了把樹削成黑色木樁以外，砲彈好像沒有別的功能……。」

　　展現垂直韌性的不只是樹木。還有建築物的殘骸，像是在伊珀爾中心「那棟有名的紡織業會館，還立著一面荒涼、光禿的牆」。或是無所不在的受難十字架（「總是佇在滿是彈痕的道路離開之處」），其中最有名的在一片墓園裡，也是位在伊珀爾；啞彈命中、卡在十字架和受難耶穌像之間，整個受難十字架建築奇蹟似地毫髮無傷。路邊的受難十字架總像在觸人霉頭，提醒人們凡人皆有死，而不像具有贖罪的意象。瑞蒙‧德日雷（Raymond Dorgeles）《木十字》（*Wooden Crosses*）裡的那一班士兵，在「各各他山頭」（Mt. Calvary）上經受了漫長、恐懼的等待——一整天都能聽見德軍在他們下面挖地道——最後終於有人來換崗了。他們迅速

開拔離開，讓別人代替他們坐在火藥桶上，德日雷往回看：
「襯著翠綠的夜色，受難像看來是個恐怖、嚇人的東西，殘
破的樹椿就像十字架上直的那根木頭。」格洛斯特人的歷史
中提到

> 里什堡（Rochebourg）的墓園是個讓人毛骨悚然的地
> 方；它整個被砲火炸翻：墓穴裂開，露出安葬多年的骨
> 骸。受難十字架則一如往常，屹立不搖。

在碎裂的樹木和「毛骨悚然」的耶穌受難像的點綴下，這片
遭戰爭蹂躪的景色用薩松的話來說，「就像世界的邊緣」。
雨天時，「一英哩外的樹，就像從光禿山脊冒出來的灰燼煙
塵，我們感覺身處世界的盡頭。」

福塞爾拿這類句子說明英國作家是透過「儀式與虛構
故事」的濾鏡觀看戰爭——薩松的濾鏡是威廉·莫里斯
（William Morris）的《世界盡頭之泉》（*The Well at the World's
End*）。諷刺的是，英國詩人發現自己身處其中的世界盡頭
的景色，卻是德國浪漫主義視野以戰慄、扭曲形式的實際展

現。

　　這些文句脫離上下文後，簡直就像一世紀前卡斯帕·大衛·弗里德里希（Caspar David Friedrich）在畫布上完成的景色。在一八一〇年完成的《橡樹林中的修院》（*Abbey Under Oak Trees*）裡，有燒毀的樹林，以及從霧靄中浮現的教堂的斷垣殘壁；送葬的隊伍扛著棺材，走過前景中一整片七零八落的墳墓。一八一五年，日爾曼詩人卡爾·提奧

「死人風景」

多‧寇爾納（Karl Theodor Körner）稱這幅畫為「死人風景」
（Totenlandschaft）。整整一世紀後，在奧地利陸軍擔任軍官
的羅伯特‧穆齊爾（Robert Musil），也用如出一轍的字眼形
容他在義大利前線所目擊的景象。

○

　　隨著戰爭造成損失，就連修道院的斷垣殘壁這種典型的
浪漫主義遺跡也被炸得面目全非。在協約國勢力範圍的邊
界，靠近伊珀爾的地方，舉目所及都是「一片泥巴海。貨真
價實的海」。布倫登在一九一九年望過「死氣沉沉的泥巴
海」，一九二○年重訪此地的格拉漢姆則是正對著一片「陸
上海洋」。電影導演大衛‧格里菲斯（David Griffith）旅行到
西部戰線，當作電影《世界之心》（Hearts of the World）的部
分準備工作；他對戰爭的戲劇化潛力感到灰心：

　　　當你望向整片無人地帶，除了讓人心痛的虛無荒涼以
　　外，真的什麼都看不見……。沒人能形容。你不妨也試
　　試看要如何形容這片汪洋。

　　弗里德里希有位藝術家友人，他的妻子對一八〇九年那幅《海濱的修士》（*The Monk by the Sea*）也有類似的失望之情：根本沒東西可看。「以過去的任何標準來看，」藝術史學者羅伯特・羅森布魯姆（Robert Rosenblum）說，

　　　她是對的：這幅畫別具一格的空，畫中沒有對象……什麼都沒有，除了寂寥地撞見畫中唯一的人物，一位嘉

伊珀爾大教堂的斷垣殘壁，一九一六年夏天

卡斯帕・大衛・弗里德里希的《海濱的修士》

　　布遣會修士；畫裡帶著一條完全沒有中斷的迷濛地平線，線的上方是混沌、很可能無窮延伸的陰沉天空。

　　只需稍稍更動，羅森布魯姆的話也可以用來形容威廉・萊德—萊德（William Rider-Rider）的全景照。這張照片透過巴雪戴爾滿目瘡痍的戰場重現了弗里德里希所描繪的畫面。

　　大地與天空從照片場景的中央切開。一排炸剩的樹幹將

飽受摧殘的前景，與《海濱的修士》裡漫向地平線的陸上海
洋、泥巴海區隔開來。這些樹木並未漫延至遠處越縮越小，
而是消失於畫面的邊緣。透視法不存在此畫面。消失點不再
是某個確切的點，反而無所不在。一種嶄新的無限遠點：無
論從哪個方向都差不多，都是無止境的荒蕪。天際線破碎在
泥巴裡。很難辨別照片是在一天當中的哪個時間拍攝的。沒
有直接光源──只有天空透散的灰色光線。照片中央，一名
叼著煙、身分不詳的士兵取代了弗里德里希畫中的修士。萬
物寂然靜止。正因如此，即便荒蕪沒有盡頭，這張照片仍有
一種奇特的平靜。

無止境的荒蕪

○

　　對浪漫主義者來說，廢墟的實際作用就是對無常的永久紀念：宏偉會消失，廢墟會留下。廢墟就是自己倖存的見證，它們破敗的過程往往已銘刻在自己身上。威廉・華茲華斯（William Wordsworth）靠著〈麥可〉（Michael）或〈荒廢的小屋〉（The Ruined Cottage）裡讓人暗自垂淚的故事，樹立了廢墟的想像典範。[37] 對荒廢的崇拜無所不在，導致廢墟變成保存特定心理反應的地方。

　　大戰摧毀了廢墟的概念。砲彈造成立即的破壞，而不是

---

[37] 譯注：在〈麥可〉的故事裡，父親麥可因為將自己一半的土地拿去當作姪兒的擔保品而血本無歸，等到麥可的兒子路加長大，麥可便將路加送到城市的商人處學習，希望他有一天可以獨立生活，並且把失去的財產拿回來。臨行前，麥可讓路加放下羊欄的第一塊奠基石，約訂歸來，但路加卻迷失在城市裡，徒留沒有蓋完的羊欄與破敗的景致。〈荒廢的小屋〉則是以一名年輕旅人起頭。他在山中的荒廢小屋稍作停留時，遇見一名商人，告訴他小屋的故事：小屋原本住著一個美滿的家庭，後來丈夫因為戰爭從軍，妻子在等待中接連失去自己的孩子，房子也越來越破敗。商人一次次路經，便一次次見識了小屋與屋裡的家庭由開心美滿走向破滅的過程。兩詩裡都以旁觀者的角度看一處廢墟。

雪萊在〈厄齊曼迪亞斯〉[38]（Ozymandias）裡觀察到的漫長而耐心的風化作用。東西能保存下來是意外，得靠運氣——像是伊珀爾的受難十字架——或是失誤。毀滅是標準模式，也是常態。房舍與村莊不是慢慢腐朽——而是被一掃而空。

梅斯菲爾德到法國為自己談論一九一七年三月索穆河戰役的書進行研究，他如此形容塞爾周圍的地區[38]。

體無完膚、連根拔起、生吞活剝、趕盡殺絕，村莊灰飛煙滅，再也沒有活人能根據回憶，說這裡曾經有某個村落。

巴比塞《砲火下》裡的那一班士兵，在前往蘇謝（Souchez）時，敘事者意識到他們其實已經到了蘇謝：

[38] 譯注：厄齊曼迪亞斯是古希臘人用來稱呼古埃及新王國法老拉美西斯二世（Ramesses II）的名字。他在位期間象徵了古埃及最後的國力高峰。雪萊詩裡的敘事者聽聞旅人告訴自己，在沙漠中有一尊半掩於黃沙之中，威儀尚存的人面獅身像，上面寫著「吾厄齊曼迪亞斯，萬王之王：見識我偉業，汝之強大，亦要折服！」然而人面獅身像周圍早已風化得別無他物，徒留黃沙滾滾。

　　事實上，我們並沒有離開平原地區，一大片燒焦的、寸草不生的平原——但我們居然在蘇謝！

　　整個村子消失了⋯⋯。連面牆、籬笆或門廊都不剩。

　　重訪巴雪戴爾近郊的戰鬥景象時，格拉漢姆發現自己置身於——更精確的說，是迷失在——巴比塞說的「沒了地標的平原」：

　　看不出哪一堆瓦礫是參沃德（Zandwoorde）的老教堂——得用問的才知道教堂原先是在哪裡。彷彿連磚頭、石塊都沒留下。

　　沃爾夫在提到半世紀後的同一塊地方時，把毀滅的規模放進歷史脈絡中：「在下一場戰爭裡，原子彈摧毀了兩座日本城市；而巴雪戴爾卻是被從地表上抹去了。」

　　拒絕使用情感豐沛的措詞，溫特強調索穆河呈現遠較比利時更為徹底的毀滅景象：「在戰爭的最後階段，巴雪戴爾

的空照圖仍舊看得到草，甚至還有樹。另一方面，一九一六年秋天的索穆河連草都蕩然無存。」

巴雪戴爾、阿爾貝和其他在索穆省的村落重建了，但凡爾登周圍的某些村子，居民卻從未回歸故里。弗路里（Fleury）、杜奧蒙（Douaumont）與屈米耶（Cumières）從此消失於地圖上。

○

廢墟從大戰的餘燼中，與納粹及阿爾伯特・斯佩爾（Albert Speer）的「遺跡價值理論」（Theory of Ruin Value）一同崛起。斯佩爾的遺跡並非作為過去的殘跡，而是要投向遙遠的未來──綿延得比帝國的千年國祚還要長久的未來。有了希特勒狂熱的支持，斯佩爾著手設計建築結構，他使用的材料足以保證即便經歷好幾世代的風霜，帝國裡爬滿常春藤蔓的柱子與斑駁的牆面，仍然會有古代偉大典範破敗後的輝煌。

在占領國內，大戰中全面抹除式的破壞被納粹提高到戰略方針的高度。卡繆（Albert Camus）已描寫過捷克村莊利迪

策（Lidice）的命運了。房屋焚毀成平地，男人被殺，女人與小孩被流放。接著

　　專門小組花了幾個月，用黃色炸藥夷平起伏的地形，摧毀每一塊石頭，填平村裡的水池，最後還改變河道……。為了確保萬無一失，墓地裡的死人被清空，不然搞不好會不斷提醒人們過去曾經有什麼在這塊地上。

透過這種毀滅行動，投注於國殤紀念碑的熱情——蓋紀念碑、記錄死者姓名——就更容易理解了。人類的悲劇造就了遺跡，遺跡記錄了人類的悲劇，人們能在遺跡的力量裡尋得安慰與解脫。但這首見於大戰的毀滅力量如此徹底，似乎連破壞的痕跡都能夠完全抹去。人們或者被炸成碎片，或者消失在泥濘中，村落則無影無蹤。留到最後的似乎只剩「一塊海綿，一個充滿受苦靈魂的地獄沼澤」。

　　士兵們從這塊徹底毀滅的地區，回到完全不受戰爭波及的英國。第二次世界大戰後，倫敦與其他主要城市因閃電戰而彈痕累累、滿目瘡痍。英國的建築與景色在大戰後卻絲毫

沒有改變，除了因空襲而受相對輕微損害的少數幾個地方。
除了傷兵之外，沒有任何戰爭曾經發生過的跡象。辛西亞・
阿斯奎斯在一九一八年八月（Cynthia Asquith）寫下的字句可
謂極富先見之明：

> 我看著和平的景象不禁揉起眼睛。我想，面對和平需
> 要有更多的勇氣，比所有因戰爭失去的還要多……人們
> 才終究會完全承認，戰死的人不是只在戰爭期間才是死
> 人。

戰爭有如一場可怕的瘟疫，無形地橫掃這個國家的男性
人口——差別只在於沒有屍體、沒有葬禮的痕跡，甚至也沒
有墓地。四十五歲以下的男性有百分之十就這麼消失了。

日子依舊。「我們不是真的很懷念那些沒有回來的
人，」阿肯菲爾德的當地人說。[39]「村子還是原樣。」事實證
明，這是對戰後人口統計結果的正確分析；一九二一年全國
人口普查中的年齡分布曲線，和一九〇一年、一九六六年相
比「只呈現出極小的差異」。換句話說，從冷冰冰的人口數

字來看，無數慘烈戰事中的死亡數字很快就回復了。

因此，問題就在於該如何找到方法突顯對那些消失的人的記憶——在這類調查數字中**不算數**的那些人。如何使看不見的死傷被看見？如何施展遺跡的力量？如何將已發生的故事銘刻在屍橫遍野的大地，即便這些故事顯然已被重創這個國家史無前例的悲劇所刪除？我們又再次回到歐文的〈命定殤折青年頌〉，這首詩藉由羅列了許多不會用來悼念死者的方式——沒有祈禱，也沒有鐘聲——把對死者的追憶銘刻在各郡的黃昏裡。

在《最小道德學》（*Minima Moralia*）公開發行版本刪除的段落中，阿多諾評論道「納粹對猶太人的所作所為莫可名狀：語言裡沒有字句能形容」。然而，「如果受害者想要躲避施加在他們身上、讓他們說不出話的詛咒……必須創造出某個詞。於是種族滅絕（genocide）的概念就在英文裡誕生

---

39 譯注：阿肯菲爾德是個虛構地名，出自羅納德·布萊斯的作品《阿肯菲爾德：英格蘭村莊風情畫》（*Akenfield: Portrait of an English Village*），雖然地名是虛構的，但書的內容是以真實的英國東安格利亞薩福克（Suffolk, East Anglia）為其背景。

了。」阿多諾接著說，「為了反抗起見，莫可名狀的就變成
有可比性的。」

　　大戰中所發生的卻依舊不可比較測量。「恐怖」與「屠
殺」已經成了隨口回答常用的詞；要答到情感上、言語上更
為精妙的層次則有歐文的「遺憾」。一波接著一波的精心修
辭，永遠沒有辦法囊括帶來這些修辭的內心感受——弔詭的
是，詩的魅力正源於此：詩裡的呼告是無法回應的。這就是
過去在停戰紀念日的兩分鐘默哀裡所能聽到的，而今在墓地
裡無盡的沉默中依舊能夠聽見。國殤紀念就是承認、表達這
場大戰不可比性的方式。

○

　　西部戰線的部分區域已經被徹底破壞，比方說索穆河一
帶，這讓法國政府審慎考慮把這些地方變成國家森林。然
而，停戰之後，農民很快就開始回到自己以前的農場，並得
到三年的農租全免。戰場的地面復平，殘骸與死人也清了乾
淨；房舍一一重建。格拉漢姆的《亡者的質疑》為西部戰線
從戰爭回復和平的早期轉變過程提供了目擊證詞。他一次又

一次，在旅途中遇見一團團的士兵從土裡挖出屍體。在收割死亡的過程中，回復生機最初的徵兆僅僅是把毫無特色的沼澤變成疏於整理的荒地，變成既是史前、又是史後的風景：

> ……沒死透、還從黑色的樹墩發了新芽的樹，一直到徹底枯死的樹都有。差不多過了一英哩，就不再有農家和耕作，進入了巴雪戴爾慘烈的戰鬥區；全是坑洞，全是糾纏的生鏽鐵絲網——但如今這兒就好像在跟大自然手忙腳亂的作戰……。沉沉死氣還沒有消散，黑色腐朽的膿仍舊埋在燈芯草下。三兩相連的彈坑、焦黑的地面、巨大坑洞、倍受猛烈攻擊的防空洞，滿是坐地拔起的野花……。

一九一七年，梅斯菲爾德寫了一封封的信給自己的妻子，細數自己在索穆河一帶親眼看到的荒涼景色。儘管四周都是難以想像的破壞規模，他仍舊預測「一旦壕溝填平，農犁耙過，土地就不再會是戰爭的樣子」。到了二〇

年代晚期，事實證明他所言不虛。莫特拉姆在戰爭結束二十年後重回戰區，發現「一切的樣子都變了，頭也不回的變了」。如果說，老兵們最初的擔憂是害怕當地會難以重建，現在他們則開始擔心留下來的痕跡已經不足以記錄曾經發生的事。維拉・布列頓（Vera Brittain）在一九三〇年寫道：

> 大自然與時間共謀，想要矇騙我們的回憶；草已經長滿伊珀爾的彈坑，農夫勤奮整理的牧場取代了埃塔普勒和卡米耶（Camiers）地面上留下的兵營痕跡，一九一八年他們大批撤退的時候，我還曾經在那兒照料傷兵。

卡爾・桑德堡（Carl Sangburge）的詩〈青草〉（Grass）將這種草木大幅回春的能力，從造成焦慮的原因轉變為寬慰的來源。

> 在伊珀爾和凡爾登把他們再堆高起來。

　　拿鏈子埋了他們再換我接手。

　　兩年過去、十年過去，乘客問列車員：

　　這是什麼地方啊？

　　我們現在在哪兒啊？

　　我就是青草。

　　讓我接手。

　　原野花花綠綠，鋪展在完美的天色底下鋪展。我沿著步道，走到一座矮丘頂上的小小墓園。步道邊有一小落砲彈殼，滿是鏽痕，彷彿來自青銅器或鐵器時代的遺物，來自一個城市和書本都還不存在的時代。

　　就連青草的辛勤工作都不足以將過去的痕跡一勞永逸地埋葬。「西部戰線的農民總在修剪樹枝時弄壞鋸子，」翁達傑《英倫情人》裡某個角色說：「因為〔大〕戰時一大堆彈片都打在樹上。」每年犁田的時候都會再挖出幾具屍體。大衛・康斯坦汀（David Constantine）寫著，每年：

　　大地都會爆發濕疹，鐵做的

鉛做的，還有人骨和可憐馬兒的濕疹……

在索穆河失蹤的士兵

時間是下午三點。艷陽高照。最後一抹霧幾個小時前就散了。天空的藍聚集在樹林的周圍。罌粟花讓路旁兩側的原野染上一片朦朧的紅。我脫下外衣，背包很快就被汗濕透了。一九一六年七月一日的這一刻，在一樣晴朗炎熱的天空下，兩萬名英國士兵戰死；另外有四萬人受傷或失蹤。

我走向位於蒂耶普瓦勒的紀念碑，紀念碑長得幾乎可以用醜陋來形容，它的笨重與巨大，鎮住了周圍幾英哩內的景色。景點旁的停車場立了個告示牌，強調這座紀念碑的所在是個神聖的地方。敬告來賓不要帶狗，不要野餐，努力維護此處的美麗與平靜。

這裡空無一人。風吹過翠綠的樹。綠色和黑色好像互為彼此的影子。草修得極短，閃耀著亮綠色澤，彷彿因為顏料被濃縮而更加濃烈：像是把原本可以塗幾英吋的顏料，全擠

在一公分裡面。我想不到有哪裡比這兒更美。

一九一七年四月二十八日，梅斯菲爾德寫了封信，描述在此地親眼看到的景象：

> 屍體、老鼠、舊鋼盔、舊武器、步槍、炸彈、斷腿、靴子、骷髏頭、彈殼、木頭跟錫跟鐵跟石頭的碎片，腐臭的肢體跟潰爛的頭顱散落一地。你絕對無法想像比這更骯髒、噁心的深淵。

草地的邊緣擺了張弧形的石頭長椅，我坐在那兒，看著英國和法國的旗幟在巨大的紀念碑頂上完美的飄揚著。就這麼一回，米字旗看起來居然還不賴。

陽光炙著紀念碑高處的字：**在索穆河失蹤的士兵**。

相較於它所紀念的那些失蹤者，蒂耶普瓦勒紀念碑是觸手可及的，永遠不會不見。[40] 魯琴斯根據盛期帝國風格（如果真有這種東西）設計的紀念碑裡，沒有謙卑，沒有退縮，也沒有後悔。

常駐此地，這座蓋來與日月齊明的紀念碑沒有人類肉體

的脆弱，也沒有傷害他人的可怕習性。紀念碑最重要的是連結大地——而不是像大教堂那樣連向天空。大教堂高聳入雲，輕而易舉地藐視地心引力，帶來全然頭暈目眩的效果。與優美（聖恩滿溢）的大教堂不同，教堂終究會在特定高度後消失於肉眼，變得空靈，但蒂耶普瓦勒紀念碑在達到特定高度後就拒絕再向上發展。它倔強、堅毅。就像戰爭裡僵持的部隊，堅守自己的崗位。

在另一種更廣泛的意義上，這座紀念碑與大教堂的差異就更為生動了。蒂耶普瓦勒紀念碑擺脫了基督信仰的符號，這向來是魯琴斯的偏好；他覺得宗教沒有參與其中的必要。對於許多生還者而言，索穆河戰役（在記憶中，這場戰役代表大戰最關鍵的體驗與表達）終結了宗教撫慰人心的力量。「從那一刻開始，」一名士兵提到第一天的戰鬥時說，「我所有的信仰都沒了。我接受的所有教誨和對上帝的信念都離

40 雖然奇怪，卻也合理，一座向「無法言語的人」致敬的紀念碑，同時也是一座無法擺進照片的紀念碑。沒有哪張照片能夠傳達這座紀念碑的宏大、勻稱，以及對整個畫面排山倒海而來的影響。

我而去，頭也不回的走了。」於是從某個角度來看，蒂耶普瓦勒紀念碑若不完全是在紀念死者，那麼肯定是在悼念上帝的多餘。曼寧寫下的動人段落，讓人想起對「虛幻的天堂」的信仰，此地要紀念的就是這種信仰：

　　這些顯然相當狂亂、殘忍的天性，卻帶著一種比生活中的一切還要動人的溫柔與圓滑，撫慰了、鼓勵了他們，讓彼此和命運和解。他們什麼都沒有；就連自己的身體也不過是戰爭的工具。他們從生活的痛苦與幻滅中來到一個虛幻的天堂，再從虛幻的天堂走向自己無言的內心。他們被帶到希望的絕境，只好把手搭在彼此的肩上，用熱情堅定的口氣告訴彼此情況一定會好轉；不過，除了彼此之外，他們什麼都不相信了。

　　我穿過草坪，走上紀念碑被陰影遮蓋的台階。在大戰石碑旁留了幾個花圈在那兒，灰白的石碑將花圈火紅的花瓣襯得更形鮮豔。從這兒我能看出紀念碑是蓋在十六根巨大的支柱上，它們共同組成環環相扣的拱門；整個建築都是磚造

的。混凝土可以一口氣造好，但磚頭得一塊塊砌在十六根
柱子的四個面上，就像失蹤者的姓名得一個個刻在那幾道白
色的石頭牆面上。（十六根腳的設計大概是為了創造足夠的
表面空間，用能輕鬆辨認的方式，在不比頭高五或六英呎的
高度容納所有的名字。）這裡大部分名字都是按照軍團排列
的。蓋伊姆（Game）W 27446、蓋伊姆W 27448。[41] 姓代爾的
有好幾個。紀念碑高處有兩塊銘版——一邊法文，另一邊英
文——上面解釋說，記在這裡的七萬三千零七十七個名字是
在索穆河戰役中失去生命的人，由於戰爭的因素，他們沒能
享有體面安葬的榮譽。

　　我記得伯格在某場講座中提到，我們的世紀是個離別的
世紀、遷徙的世紀、流離的世紀——以及消失的世紀。「這
是個人們無能為力地看著別人，那些他們親近的人，消失在
地平線彼端的世紀。」若果真如此，那麼蒂耶普瓦勒失蹤士

---

[41] 譯注：蒂耶普瓦勒紀念碑上記載的士兵姓名，是先放姓，再放名字縮寫。這裡
的蓋伊姆是姓氏，W是名字的縮寫。由於同名同姓的情況並不少見，於是在姓
名後加上軍籍號碼以茲區別。

兵紀念碑便朝未來投射了一道長影，這道長長的陰影籠罩了二戰中大屠殺的死者，一直延伸到古拉格集中營、南美洲和天安門的「失蹤人口」身上。

在索穆河戰役之前，軍事災難所在多有，但這些災難——克里米亞戰爭中輕騎兵團的進擊（Charge of the Light Brigade）就是一例——只是個別的戰略問題，而不是屬於任何更大的作戰目標。大戰是有史以來第一次的徹底浪費與徒勞無功的戰爭。如果說二十世紀正緩步走向道德與政治上的嚴重貧瘠，那麼，人們也能在索穆河一度遭受破壞的景色中，發現同情生態學的起源（在和平運動中表現得最為明顯）。

這也正是我們這個世紀的意義凝聚在此地的原因。蒂耶普瓦勒不只是紀念的場所，也是預言的場所，既是生的場所，也是死的場所：是未來的紀念碑，紀念這個世紀為生者，也就是將受歲月懲罰的生者，所規劃的未來。

紀念碑的背面有塊小小的墓地。我在墓地邊的犧牲十字架上讀到這些文字：

這個世界將會緬懷在此地一起犧牲的

兩百五十萬名死者

曾經倒在彼此身旁的法蘭西

與大英帝國士兵間永遠的戰友情誼

　　墓地分成兩半：一邊是法國人的十字架，另一邊是英國人的墓碑。時間與沉默在此不為所動。遠方，是麥田、矮樹籬與樹。我沿著一排排的十字架走，十字架兩面都寫上了一個詞：姓名不詳。一排接著一排。英格蘭這一側，是蒼白的墓碑石：

大戰中的

一名軍人

唯上帝知其名

每一座墳前都放了花：焰黃的、粉的、紅的、橘的。除了玫瑰，我一朵都認不得；其他剩下的花也依舊陌生，不知其名。

唯一的聲響，是蜜蜂的嗡嗡，是光穿過樹叢打在草上的聲音。漸漸地，我注意到風也因為蝴蝶而活了起來。花間滿是翅膀撲撲的白，和大紅蛺蝶赤褐與黑色的保護色，像鬼魂一樣無聲無息。蝴蝶的名字我只記得幾種，但我知道希臘文的psyche同時有「靈魂」和「蝴蝶」的意思。正當我坐看這一切時我也同時意識到，我所看到的就是躺在這兒的無名死者，他們的靈魂舞著翅膀，穿梭在美好的風中。

○

動身往博蒙阿梅爾時，已經是傍晚時分了。我走在步道上，前往矮丘頂上的一片小型墓園。從墓園的大門，我能看見另外四座小墓園裡的十字架。

墓碑排成三排，坐西朝東。地點非常完美，不受打擾，連汽車的嗡鳴都沒有。光線把一切變得柔美，灑向整片原野。柔和而清晰，溫和而明亮。我拿起墓園的登記簿。里丹山脊一號公墓（Cemetery Redan Ridge Number One）：一百五十四名軍人長眠此地，其中七十三人身分不詳。陽光在我翻著登記簿時，把紙頁和大戰石碑變成同一個顏色。

　　鮮少有人造訪此處：訪客留言簿裡的第一條留言寫在一九八六年，最後一條則是在十天前。在一九八八年八月十八日，一位荷蘭來的女孩寫下：「緣於孤單。」

　　光線、原野、其它墓園的十字架。微風讓紙頁在我的手指下顫動。正好和孤單相反啊，這座墓園：朋友被埋在一塊兒──那這些奇怪的字句到底想表達什麼？我越是努力想解讀，那些字句就變得越讓人摸不著頭緒，直到我意識到自己錯的多麼徹底，居然想試著破解根本不存在的密碼，才放手隨它們去，不打擾它們的神祕與力量；這些話什麼都說了，卻也什麼都沒說。

　　紫色的雲帶開始在地平線的彼端延伸，光芒從雲後湧出。在世界上最美麗的地方之一，夕陽正要西下。

　　我從未感覺如此平靜。我願意永遠不走。

　　我有種強烈的感覺，或許在自然中有一種補償特性，某種平衡──罌粟花則是這種平衡的象徵與呈現──在恐怖的暴力發生的大地上會產生程度相當但意義相反的和平。也正是在這個人們被殘殺的地方，他們開始友愛彼此，實現卡繆所說的偉大真理：「人們身上值得讚揚的，要多於讓人不齒

的。」

　　站在這裡，我知道自己身上的某部分會因為對這塊地方的回憶、這些墓園展現的無邊寬恕，以及這片景色而永遠保持平靜。

　　此時此刻，我是這個世界上唯一一個身處此地、經歷這些感受的人。也是在這一刻，一種我的存在不會帶來任何改變的信念，混雜著這些感受排山倒海而來；就算少了我，這兒的一切仍將依舊。

　　或許這就是那個「孤單」的意思──發現就算在你的情感最為崇高的時刻，你也什麼都不是（或許這才是情感最為崇高的精準剎那），因為這些事物永遠都在這裡：滿是夏葉的黑暗樹林，七十五年來從未改變的昏暗光線，永遠蟄伏等待的和平。

○

　　在我離開里丹山脊一號公墓的時候，天空已經是一片緋紅的條紋。我穿過黑暗的原野，回到公路上。明天，或是整整一年後的此刻，一切都將依舊：鳥兒衝向地平線；血紅色

天空襯出三座十字架；有個人正隨蜿蜒的小徑走著；遠處農舍點起了燈——而每一個遲暮時分，都有一面拉下的窗簾。

注釋

引用文獻的出版地都在倫敦，除非有特別說明。只有在正文與徵引書目中沒有明確提及時，才會提供完整的徵引出處。分成若干部分的引用文字，可能會橫跨兩頁以上，但注釋中僅會提及最先出現的部分。

12 「每一座壁爐上……」：Yvan Goll, 'Requiem for the Dead of Europe'in Jon SIlkin (ed.), *The Penguin Book of First World War Poetry,* P. 244.

13 「回憶一……」：John Updike, *Memories of the Ford Administration* (Hamish Hamilton, 1993) p. 9.

13 「穿著難看的……」：Wilfred Owen, 'Disabled', *Collected Poems*, p. 67.

18 「世界史的……」：*Men without Art*, extract reprinted in Julian Symons (ed.), *The Essential Wyndham Lewis*, p. 211.

18 關於將1914年之前視為戰爭潛伏期的深入討論，見Daniel Pick, *War Machine* (1993), pp. 192–5.

19 「早在被戰爭摧毀前……」：A. J. P. Taylor, *Europe: Grandeur and Decline* (Penguin, Harmondsworth, 1991), p. 185.

19 「對自己的研究主題……」：'The Idea of History', in Fritz Stern (ed.), *The Varieties of History*, 2nd edn (Macmillan, 1970), p. 292.

23　「準備從舞台上⋯⋯」與「我們為國人樹立了⋯⋯」：*Scott and Amundsen: The Race to the South Pole*, revised edn (Pan, 1983), p. 508.

23　「證明了英國人⋯⋯」：ibid., p. 523.

23　「我們展現⋯⋯」：ibid., p. 508.

23　「透過他們的苦痛⋯⋯」：Thomas Williamson, quoted by Huntford, ibid., pp. 520–21.

23　「如果史考特沒能⋯⋯」：ibid., p. 394.

24　「人力拉橇的⋯⋯」：ibid., p. 527.

24　「為英雄而英雄」與「給數一數二效率不彰的⋯⋯」：ibid., p. 523.

24　「自我犧牲⋯⋯」與「將災難⋯⋯」：ibid., p. 524.

25　「同胞們樹立了⋯⋯」：Agnes Egerton-Castle, 'The Precursor', *The Treasure*, January 1916, pp. 71–2, quoted by Huntford, ibid., p. 528.

25　[腳注]「特別致力於⋯⋯」與「戰爭追思⋯⋯」：Annual Report of the Church Crafts League, quoted by Catherine Moriarty, 'Christian Iconography and First World War Memorials', in the *Imperial War Museum Review*, no. 6, p. 67.

26　[腳注]「以確保樹立⋯⋯」：Quoted by Bob Bushaway, 'Name upon Name: The Great War and Remembrance', in Roy Porter (ed.), *Myths of the English*, p. 144.

26　「表達的簡潔⋯⋯」：A. C. Benson, quoted by Bushaway, ibid., p. 146.

28　「墓地的凌亂⋯⋯」：Clayre Percy and Jane Ridley (eds.), *The Letters of*

Edwin Lutyens to his Wife Emily (Collins, 1985), p. 350.

29 有關戰爭公墓委員會的歷史，見Philip Longworth, *The Unending Vigil*, Constable, 1967.

30 「鐮刀死神的意象……」：*Fallen Soldiers*, p.39 對死亡的態度與墓園設計變化更完整的說明，見ibid., pp. 39–45.

32 索穆地區的墳墓統計數據，出於*The Somme Battlefields*, pp. 9–10.

33 「未來！」：*Under Fire*, pp. 256–7.

34 [腳注]「明天，他們……」：quoted by Alistair Horne in *The Price of Glory: Verdun 1916*, p. 341.

35 「講這個沒啥……」與「喪鐘般的……」：ibid., pp. 327–8.

36 「該為那些如牛群……」：'Anthem for Doomed Youth', *Collected Poems*, p. 44.

36 「我們該忘掉……」：*Under Fire*, p. 328.

37 「我們忘了紀念」：'To One Who was With Me in the War', *Collected Poems 1908–1956*, p. 187.

37 「我們是專門遺忘的機器」：'To One Who was With Me in the War', *Collected Poems 1908–1956*, p. 187.

37 「未來會如何……」：歐文的手稿重現於*Wilfred Owen: The Last Year*, p. 123.

38 「沒法從光陰……」：*Collected Poems 1908–1956*, p. 71.

38 「你已經忘了嗎？……」、「低頭看看……」和「你還記得……」：ibid., pp. 118–19.

39 「讓他們忘了吧」：ibid., p. 201.

40　「將所有戰爭的⋯⋯」：*The Challenge of the Dead*, p. 173.

40　「向亡者表達⋯⋯」：quoted by David Cannadine, 'Death, Grief and Mourning in Modern Britain', in Joachim Whalley (ed.) *Mirrors of Mortality*, p. 220. 在這一段裡，我也從Cannadine的文章裡改寫了不少。

40　「數百萬⋯⋯」：by Cannadine, ibid., p. 221.

41　「那極為莊重⋯⋯」：*The Times*, 12 November 1919, p. 15.

42　「過去沒沒無聞⋯⋯」：Ronald Blythe, *The Age of Illusion*, new edn (Oxford University Press, Oxford, 1983), p. 9. Blythe書裡的第一章，還說明了埋葬無名將士的點子是怎麼來的，細節詳盡又讓人回味無窮。

43　[腳注]「在馬恩河畔瀝青紙⋯⋯」：*USA* (Penguin, Harmondsworth, 1966), pp. 722–3.謝謝Nick Hymphrey告訴我這段文字。

43　「在寂靜中，只被⋯⋯」：Armistice Day Supplement, *The Times*, 12 November 1920, pp. i–iii.

44　「這一切⋯⋯」：quoted in David Cannadine, 'Death, Grief and Mourning in Modern Britain', in Joachim Whalley (ed.), *Mirrors of Mortality*, p. 224.

46　法比安・威爾的話：quoted in Cannadine, ibid., p. 197.

47　歐文〈為吾詩辯護〉的手稿，重現於Dominic Hibberd, *Wilfred Owen: The Last Year*, p. 74.

47　「是無從表達之前的靜默⋯⋯」：'The Untellable', *New Society*, 11 May 1978, p. 317.

47 「連時間的心跳……」：Armistice Day Supplement, 12 November 1920, p. i.

48 國殤紀念日各項儀式演變更完整的說明，詳見參考書目中列舉的 Bob Bushaway、David Cannadine、George Mosse與Richard Garrett的作品。

49 [腳注]「被當作無名集體的……」：*Fallen Soldiers*, P.49. 對戰死者態度的轉變，完整討論見ibid., pp. 3–50.

51 「戰爭的恐怖獸性」：取自歐文草擬的詩集目錄手稿，收錄於 Dominic Hibberd, *Wilfred Owen: The Last Year*, p. 123.

52 「可怕的嚇人」與「無盡恐怖的深淵」：*Images of Wartime*, p. 50.

53 「戰爭主要的目標……」：*The Body in Pain*, p. 63.謝謝Valentine Cunningham讓我注意到這本書。

53 「在大戰以前……」：*The Old Lie*, p. 137.

54 「榮耀的十四行詩」與「二手措詞」：*Collected Works*, p. 237.

54 「過程的一部分……」：*The Art of Ted Hughes*, 2nd edn (Cambridge University Press, Cambridge, 1978), p. 30.

57 「多麼偉大的……」：取自布倫登對歐文的追憶，收錄在Wilfred Owen, *Collected Poems*, p. 147

57 「就連在戰爭中……」：'My Country Right or Left', *The Collected Essays, Journalism and Letters*, vol. 1, pp. 589–90.

57 「我們這些……」等字句：*Lions and Shadows*, pp. 74–6.

58 「意識到他們……」與「在於它和……」：George Orwell, *The Collected Essays, Journalism and Letters*, vol. 1, pp. 589–90.

58　「對我這代人來說⋯⋯」：from introduction in Wilfred Owen, *Collected Poems*, p. 12.

58　「輕易接受⋯⋯」：Edward Mendelson (ed.), *The English Auden: Poems, Essays and Dramatic Writings* 1927–1939 (Faber, 1977), p. 212.

58　「將死者塑造成⋯⋯」：quoted in Samuel Hynes. *The Auden Generation*, p. 249.

58　「製造出的是⋯⋯」與「即便在我們⋯⋯」：*Friends Apart*, p. 91.

60　「〈揭幕〉」：*Collected Poems*, p. 204.

61　「真正的和平紀念碑」：quoted by Christopher Ridgeway in introduction to Richard Aldington, *Death of a Hero*.

61　「對一個世代⋯⋯」：*Death of a Hero*, p. 8.

61　「要為那些⋯⋯」：*Collected Poems*, p. 44.

62　「無論政治或軍事⋯⋯」與「審查過⋯⋯」：*Haig's Command*, p. 4 至於對溫特操弄史料的反控，見John Hussey, 'The Case Against Haig: Mr Denis Winter's Evidence', *Stand To: The Journal of the Western Front Association* (winter 1992), pp. 15–17.

63　「消極受苦⋯⋯」：from introduction to *Oxford Book of Modern Verse* (Oxford University Press, Oxford, 1936), p. xxxiv.

63　「有關歐文的對話⋯⋯」：facsimile edition reprinted by the Imperial War Museum 1990, p. v.

63　「幾乎是為了⋯⋯」：*Required Writing*, p. 230.

64　「在與世隔絕的情況下⋯⋯」：ibid., p. 228.

64　「悲傷、死氣沉沉⋯⋯」：David Cannadine, 'Death, Grief and

Mourning in Modern Britain', in Joachim Whalley (ed.), *Mirrors of Mortality*, p. 233.

65 更多對一九二〇年代招魂的討論，見David Cannadine, ibid., pp. 227–31.

65 「反方向的預言」：*Camera Lucida* (Hill & Wang, New York, 1981), p. 87.

65 「我不禁自問……」：'To Please a Shadow', *Less than One* (Penguin, Harmondsworth, 1987), p. 370.

65 「單調的灰色……」：P. J. Kavanagh (ed.), *Collected Poems*, p. 36.

66 「我還是一樣……」：Felix Klee (ed.) *Diaries 1898–1918* (University of California Press, Berkeley, 1964), p. 380.

66 「巨大沉默」：Isaac Rosenberg, 'Dead Man's Dump', *Collected Works*, p. 111.

66 「那些哈姆斯沃思……」：*Collected Poems* (Oxford University Press, Oxford, 1983), p. 40.

66 「褐色的十一月」：*New and Collected Poems* (Robson Books, 1980), p. 63.

66 「黑白的」：*The Post-Modernist Always Rings Twice* (Fourth Estate, 1992), p. 79.

67 「遍看所有……」：Wilfred Owen, 'Insensibility', *Collected Poems*, p. 37.

67 「……顏色的……」：'Vlamertinghe: Passing the Château, July, 1917', *Undertones of War*, p. 256.

67　「這一年……」：*The Wars*, p. 11.

68　「長長的……」：*Collected Poems* (Faber, 1988), p. 128.

68　「〈出發〉」：*Collected Poems*, p. 46.

69　「每一張死灰臉孔……」：Edmund Blunden, 'The Zonnebeke Road', *Undertones of War*, p. 250.

69　關於限制攝影師的詳盡說明，見Jane Carmichael, *First World War Photographers*, pp. 11–21.

71　「大戰的統計冊上……」：那位德國陸軍元帥是Paul von Hindenberg，引用自quoted in Peter Vansittart, *Voices from the Great War*, p. 145.

71　「疊了三、四層深……」：Peter Vansittart (ed.), *Letters from the Front* (Constable, 1984), p. 209.

72　「他們從哪兒……」：quoted in Jon Glover and Jon Silkin (eds.), *The Penguin Book of First World War Prose*, p. 63.

73　「非常奇怪的……」與「是個難以理解的表情……」：*Collected Letters*, p. 521.

73　歐文引用泰戈爾：Jon Stallworthy, *Wilfred Owen*, p. 267.

73　「……彷彿在翠綠……」：'Dulce et Decorum Est', *Collected Poems*, p. 55.

74　「間接關注……」：letter to Susan Owen, 4 (or 5) October 1918, *Collected Letters*, p. 580.

74　「我看著他們……」：'The Show', *Collected Poems*, p. 50.

74　「愛人呀，你……」：'Greater Love' ibid., p. 41.

75　「長官啊，我的⋯⋯」：'The Sentry', ibid., p. 61.

75　「如果在若干⋯⋯」：ibid., p. 55.

75　「不在乎⋯⋯」：'Preface', *Collected Poems*, p. 31.

75　「對拍漂亮照片⋯⋯」：quoted in Richard Whelan, *Robert Capa: A Biography*, p. 176.

76　「擠滿了⋯⋯」：ibid., p. 235.

80　「柔軟：披在⋯⋯」：from Henri Barbusse's *War Diary*, in Jon Glover and Jon Silkin (eds.), *The Penguin Book of First World War Prose*, p. 195.

80　「告訴你⋯⋯」與「沒辦法哭得⋯⋯」等字句：Erich Maria Remarque, *All Quiet on the Western Front*, pp. 46–7.

81　[腳注]「他提到⋯⋯」：(Picador, 1993), p. 111.

83　「牧夫」、「牧羊人」與「牧牛人」：letters of 31 August and 1 September 1918, *Collected Letters*, pp. 570–71.

83　「被趕離爆炸⋯⋯」：'The Sentry', *Collected Poems*, p. 61.

83　「當其他階級⋯⋯」：*The Great War and Modern Memory*, p. 239.

83　「快樂得像⋯⋯」：entry for 15 February 1917, *Diaries 1915–1918*, p. 132.

83　「過著或傾向過著⋯⋯」：*Men without Art*, in Julian Symons (ed.), *The Essential Wyndham Lewis* p. 207 (italics in original).

84　「這個世紀的大型戰爭⋯⋯」：*Imagined Communities*, p. 131.

84　「承受砲擊⋯⋯」：*Air with Armed Men* (London Magazine Editions 1972) p. 114.

84　「不是為了對抗⋯⋯」：quoted in Alistair Horne, *The Price of Glory:*

Verdun 1916, p. 338.

86　「英雄成了……」：Modris Eksteins, *Rites of Spring*, p. 146.

86　「親手操縱……」：and 'personally captured an . . .': *Wilfred Owen: The Last Year*, p. 174.

87　「從沒見識過……」：*Goodbye to All That*, p. 226.

87　「難以置信的卑鄙流氓……」：*Under Fire*, p. 330.

87　「我們一直都是……」：ibid., p. 340.

87　「軍人的天職多麼可恥……」：ibid. p. 257.

87　「什麼時候／仁慈能……」：Edmund Blunden, 'The Watchers', *Undertones of War*, p. 280.

88　「對任何一方來說……」：*The Letters of Charles Hamilton Sorley* (Cambridge University Press, Cambridge, 1919), p. 283.

89　「一整天下來……」：quoted in Alan Clark, *The Donkeys*, p. 173.

89　「一個薩克森男孩……」：*Wet Flanders Plain* p. 18.

89　「德國百姓唱著……」：Arthur Bryant, *English Saga 1840–1940* (Collins, 1940), p. 292.

90　「被戰爭蹂躪過的人……」：Marc Ferro, *The Great War*, p. 225.

90　「根本是個笑話……」：Friedrich Wilhelm Heinz, quoted in Eric J. Leed, *No Man's Land: Combat and Identity in World War 1*, p. 213.

91　「死者受到……」：Bob Bushaway, 'Name upon Name: The Great War and Remembrance, in Roy Porter (ed.), *Myths of the English*, p. 155.

91　「怨聲載道……」等字句：'Beware the Unhappy Dead', *The Complete Poems* (Penguin, Harmondsworth, 1977), pp. 722–3.

92 「第三帝國⋯⋯」：quoted in Marc Ferro, *The Great War*, p. 157.

92 「戰爭如何改變了我⋯⋯」：Samuel Gissing, quoted in Ronald Blythe, *Akenfield* (Penguin, Harmondsworth, 1972), p. 56.

93 「他們全都這麼⋯⋯」：letter to Catherine Carswell, 9 July 1916, *Selected Letters* (Penguin, Harmondsworth, 1950), p. 104.

94 有關二等兵英厄姆，以及其他被處決的士兵的詳盡資料，見Julian Putkowski and Julian Sykes, *Shot at Dawn*, pp. 138–40 *et passim*. 亦可參見 Anthony Babington, *For the Sake of Example*.

95 「我父親在⋯⋯」：Professor Jane Carter, 9 March 1993.

97 對《索穆河戰役》和其他影片中，假造連續鏡頭鉅細靡遺的分析，見Roger Smither, "'A wonderful idea of the fighting'", *Imperial War Museum Review* no. 3, 1988, pp. 4–16.

97 「每個美國人角色⋯⋯」：*Hollywood's Vietnam* 2nd edn (Heinemann, 1989), p. 153.

99 「大批的人員⋯⋯」：*A War Imagined: The First World War and English Culture*, p. 125.

102 他們死了，卻還正準備去死：我修改了Roland Barthes對Alexander Gardner's 1865 'Portrait of Lewis Payne', *Camera Lucida* (Hill & Wang, New York, 1981), p. 95.下的說明。

102 「我想像著一列⋯⋯」：*The Complete Memoirs of George Sherston*, p. 540.

103 「過去永遠不死⋯⋯」：*Requiem for a Nun* (Penguin, Harmondsworth, 1960), p. 81.

103 「看來多少有點⋯⋯」：quoted in Denis Winter, *Death's Men*, p. 176.

103 「士兵就像在⋯⋯」：ibid., p. 187.

103 「像夢遊的人」：ibid., p. 189.

103 「他們像夢遊的人那樣走來⋯⋯」：*In Parenthesis*, p. 170.

103 [腳注]「在霧裡行走的人」：ibid., p. 179.

104 「帶著奇怪的眼神⋯⋯」：ibid., p. 210.

104 「現在登場的⋯⋯」等字句：*The Complete Memoirs of George Sherston*, p. 362.

106 「馬伕、農夫和牧場工人⋯⋯」：*Akenfield* (Penguin, Harmondsworth, 1972), p. 33.

106 「人們在這些隧道裡⋯⋯」：quoted in Leon Wolff, *In Flanders Fields*, p. 124.

107 「我們行軍⋯⋯」：Ivor Gurney, 'Canadians', *Collected Poems*, p. 87.

109 「看著在大衣長口袋裡⋯⋯」：quoted in Ann Compton (ed.), *Charles Sargeant Jagger: War and Peace Sculpture*, p. 78.

112 「幾乎在中槍以前⋯⋯」：ibid., p. 15.

115 「生還者的憤怒」與「許多生還者相信⋯⋯」：*The Texture of Memory: Holocaust Memorials and Meaning*, p. 9.

116 「同樣源自於⋯⋯」：John Berger, *Art and Revolution* (Writers & Readers, 1969), p. 137. 薩德金內《鹿特丹紀念碑》的延伸討論，見 Berger's *Permanent Red*, new edn (Writers & Readers, 1979), pp. 116–121.

119 [腳注]「發現了傷口的⋯⋯」等字句：'The Shape of Labour', *Art Monthly*, November 1986, pp. 4–8.

120 「大戰裡從來沒有人……」：General Harper, quoted in Denis Winter （Winter接著暗示General Harper是言過其實）, *Death's Men*, p. 110.

121 「拄著他的……」：'Lullaby of Cape Cod', *A Part of Speech* (Oxford University Press, Oxford, 1980), p. 109.

122 「天使沒有……」：*And our Faces, My Heart, Brief as Photos* (Granta Books, 1992), p. 19.

126 「感覺生活在……」：F. Le Gros Clark, quoted in Samuel Hynes, *The Auden Generation*, p. 40.

127 「恐怖力量」與「猶言在耳……」：quoted in Ann Compton (ed.), *Charles Sargeant Jagger: War and Peace Sculpture*, pp. 84–5.

128 「這讓紀念碑看起來好像……」與「戰爭的光榮……」：quoted in Peyton Skipwith, 'Gilbert Ledward R. A. and the Guards' Division Memorial', *Apollo*, January 1988, p. 26.

132 「……一條卡其色的腿……」：p. 272.

133 「與薩松分別後……」：letter of 22 August 1917, *Collected Letters* p. 485.

134 關於歐文如何利用巴比塞的意象，見Jon Stallworthy, *Wilfred Owen*, pp. 242–3 and p. 256.

134 「我也看透……」：'Apologia Pro Poemate Meo', *Collected Poems*, p. 39.

134 「有毒氣！快逃啊，小子……」：'Dulce et Decorum Est', ibid., p. 55.

134 「〈精神病患者〉」：ibid., p. 69.

134 「〈自・殘・傷〉……」：ibid., p. 74.

134 「〈傷殘〉」：ibid., p. 67.

134 「紅唇也沒……」：'Greater Love', ibid., p. 41.

134 「〈徒勞〉」：ibid., p. 58.

135 「口吃步槍……」：'Anthem for Doomed Youth', ibid., p. 44.

135 「斯潘道的瘋狂嘮叨」與「三三兩兩在路上……」：*New and Collected Poems* (Robson Books, 1980), pp. 81–3.

136 [腳注]「有鑑於《旅遊終點》……」：quoted by Christopher Ridgway in introduction to Richard Aldington, *Death of a Hero*.

137 「拼湊模仿……」：quoted in Alex Dancher, '"Bunking" and De-bunking', in Brian Bond (ed.), *The First World War and British Military History*, p. 49.

137 「在想像……」與「在壕溝裡……」：*Strange Meeting*, p. 183.

138 「一切好嗎……」：ibid., p. 134.

138 「神聖、光榮，犧牲的字眼……」：pp. 143–4.

139 「通常會暫時……」：Susan Hill, ibid., p. 149.

139 「似乎沒辦法……」：*Birdsong*, p. 204.

139 「那些肥豬……」：ibid., p. 235.

140 「那些日夜……」：*The Bells of Hell Go Ting-a-ling-a-ling*, p. 49.

141 「驚恐不已……」：ibid., p. 71.

141 「沒它假裝的……」：p. 145.

141 「如果這不是……」：*The Bells of Hell Go Ting-a-ling-a-ling*, p. 49.

142 「雙耳啵的一聲……」：*The Wars*, p. 122.

142 「你們這些當時⋯⋯」：ibid., pp. 46–7.

143 「泥濘。沒有⋯⋯」：ibid., pp. 71–2.

145 「一列小火車⋯⋯」：*Birdsong*, p. 67.

145 「從阿爾貝離開⋯⋯」：ibid., p. 68.

145 「馬恩河與⋯⋯」：ibid., p. 83.

145 「死人堆積⋯⋯」：ibid., p. 59.

147 紀念與紀念共同紀念的舉動之間的不同，是得自James E. Young, *The Texture of Memory*, p. 7.

147 「戰爭本身⋯⋯」：*Lions and Shadows*, p. 296.

148 「乾淨、嶄新⋯⋯」：*Wet Flanders Plain*, p. 58.

149 「搞不好⋯⋯」等字句：'On Passing the New Menin Gate', *Collected Poems*, p. 188.

150 「陰鬱沼澤」等字句：p. 141

151 「尖銳嚇人的⋯⋯」：Armistice Day Supplement, 12 November 1920, p. i.

151 「魂斷、心碎⋯⋯」：*Death of a Hero*, p. 34.

152 「仍然是個恐怖的⋯⋯」等字句：*The Challenge of the Dead*, pp. 36–7.

155 「向所有戰爭中的⋯⋯」與「為全人類哀悼」：*Wet Flanders Plain*, pp. 97–8.

156 「現在，氯化濃霧⋯⋯」與「扯裂肺和膈膜⋯⋯」：p. 130.

158 「他們在草地上⋯⋯」：帝國戰爭博物館裡，薩金特畫旁的解說。

158 「從腐蝕起泡的⋯⋯」：'Dulce et Decorum Est', *Collected Poems*, p.

55.

159 更多與足球有關的討論，見Modris Eksteins, *Rites of Spring*, pp. 125–6.

161 「有很多字眼……」：p. 144.

161 「帶著興奮與惋惜……」：*Friends Apart*, p. 91.

161 「連串的……」：*The Tiger and the Rose* (Hamish Hamilton, 1971), p. 72.

161 「巴雪戴爾、巴波姆、以及……」：'The Great War', *New and Collected Poems* (Robson Books, 1980), p. 63.

161 「康布雷、貝蒂訥、阿哈斯……」與「巴雪戴爾、凡爾登……」：'The Guns', ibid., p. 110.

162 「一切都令人……」：'Crucifix Corner', *Collected Poems*, p. 80; 其他和克里克利的比較，則是在'Poem for End', p. 201.

162 「矮樹林就像……」：'Near Vermand', ibid., p. 132.

162 「科茨沃爾德她的……」：來自另一首標題也叫做〈臨近韋爾芒〉（Near Vermand）的詩，收錄於Michael Hurd, *The Ordeal of Ivor Gurney*, p. 96.

162 「炸爛了的樹林間」：from a letter of June 1916, quoted in ibid., p. 72.

162 「糟透了的聖尤利安……」等字句：*Collected Poems*, p. 170.

163 「十月二日，星期二。……」：*They Called It Passchendaele*, p. 189.

164 「這麼不祥的名字……」：ibid., p. 187.

164 「或許《牛津戰爭詩集》……」：*Thank God for the Atom Bomb and Other Essays*, p. 101.

164　「缺乏想像力……」：*The Great War and Modern Memory*, p. 12.

164　「無藥可救的……」與「完全反映作者……」：ibid., p. 13 .

165　「求助於比較機智……」：ibid., p. 109.

165　「稱得上英國在……」：ibid., p. 14.

165　「軍事版的悟性……」：ibid., p. 12.

165　「老練的觀察家」：ibid., p. 6.

165　「閃姆怎了……」：*The Middle Parts of Fortune*, p. 219.

167　「在野營裡過聖誕節……」：*Oh What a Lovely War* (Methuen, 1965), p. 50.

167　「他們警告我們……」：ibid., p. 64.

168　「那些受了傷的……」與「聽起來就像個……」：ibid., pp. 88–9.

168　「士兵二：他在……」：ibid., p.46.

169　「一旦他們……」：ibid., p. 107.

169　「很難不去相信……」：*The Great War and Modern Memory*, p. 241.

170　「出身行伍的人……」：*The Complete Memoirs of George Sherston*, p. 325.

171　「沒事，我們都在這啦……」：quoted in *They Called It Passchendaele*, p. 201.

171　「突出部就是個……」與「完全是片令人……」：ibid., p. 186.

171　「一算錢……」：*Wet Flanders Plain*, p. 99.

174　「光陰的身體……」：*Watermark* (Hamish Hamilton, 1992), p. 56，亦可見他的詩'Nature Morte', *A Part of Speech* (Oxford University Press, Oxford, 1980), p. 45.

176 「步兵的濃縮精華」：Major-General J. F. C. Fuller, quoted in John Keegan, *The Face of Battle*, p. 232.

179 「一片無情的黑色……」等字句：*Short Stories*, vol. 2, edited by Andrew Rutherford (Penguin, Harmondsworth, 1971), p. 213.

181 「女士，請注意，親切提醒您……」：Brian Gardner (ed.), *Up the Line to Death*, p. 157.

181 「旅遊業史上……」：*They Called It Passchendaele*, p. 3.

182 「泥塊和礫石」等字句：F. Scott Fitzgerald, *Tender is the Night*, pp. 125–6.

182 「半諷刺的說法……」：ibid., p. 199.

182 「收容斷手斷腳……」：ibid., p. 25.

182 「戰爭結束了……」：ibid., p. 30.

182 「像這個世界所有……」：ibid., p. 40.

183 「我不認為人……」：letter to Henry Dan Piper, quoted in Matthew J. Bruccoli, *Some Kind of Epic Grandeur: The Life of F. Scott Fitzgerald*, revised edn, (Cardinal, 1991), p. xix.

183 「畢竟，除了青春……」：letter to Mrs Richard Taylor, 10 June 1917, Andrew Turnbull (ed.), *The Letters of F. Scott Fitzgerald* (Penguin, 1968), p. 434.

183 「就連隱沒在……」：*Tender is the Night*, p. 23.

183 「最近動過刀的頭殼……」：ibid., p. 50.

183 「剎那間，湖對面的……」：ibid., p. 61.

184 「迪克在縱牆處轉身……」與「看看那條小溪……」：ibid., pp.

124–5.

188 [腳注]更多有關麥可・福特／和平紀念碑爭議，見Patrick Wright's essay 'A Blue Plaque for the Labour Movement?', in *On Living in an Old Country*, Verso, 1985.

192 「一旦紀念的事件和日曆……」：*The Texture of Memory*, p. 263.

193 「成千的婚姻……」：Philip Larkin, 'MCMXIV', *Collected Poems* (Faber, 1988), p. 128.

197 「對國家來說尤其重要的……」：quoted in Modris Eksteins, *Rites of Spring*, p. 133.

198 「沒有多餘的憐憫……」：from introduction in Wilfred Owen, *Collected Poems*, pp. 18–19.

198 「『我失去了我……」：quoted in Denis Winter, *Death's Men*, p. 257.

199 「林木焦黑的……」：Henri Barbusse, *War Diary*, in Jon Glover and Jon Silkin (eds.), *The Penguin Book of First World War Prose*, p. 197.

200 「全然的荒蕪和空虛……」：letter of 13 May 1916, *Winds of Change* (Macmillan, 1966), p. 82.

200 「除了把樹削成黑色木樁……」：Julian Symons (ed.), *The Essential Wyndham Lewis*, p. 23.

200 「那棟有名的紡織業會館……」：Gunner B. O. Stokes, quoted in Lyn Macdonald, *They Called It Passchendaele*, p. 190.

200 「總是佇在……」：'At a Calvary near the Ancre', Wilfred Owen, *Collected Poems*, p. 82.

201 「襯著翠綠的夜色……」：Jon Glover and Jon Silkin (eds.), *The*

Penguin Book of First World War Prose, p. 145.

201 「里什堡的墓園……」：quoted in Michael Hurd, *The Ordeal of Ivor Gurney* p. 69.

201 「就像世界的邊緣」與「一英哩外的……」：*The Complete Memoirs of George Sherston*, p. 279.

203 「死人風景……」：quoted in Robert Rosenblum, *Modern Painting and the Northern Romantic Tradition* (Thames & Hudson, 1978), p. 29.

203 羅伯特・穆齊爾一九一五年九月三日的日記*Tagebucher*, (Rowohlt Verlag, Reinbeck bei Hamburg, 1976), p. 312; translation in Jon Glover and Jon Silkin (eds.), *The Penguin Book of First World War Prose*, p. 95.

203 「一片泥巴海……」：Lieutenant J. W. Naylor, quoted in Lyn Macdonald, *They Called It Passchendaele*, p. 188.

203 「死氣沉沉的……」：*Undertones of War*, p. 221.

203 「陸上海洋」：*The Challenge of the Dead*, p. 24.

203 「當你望向……」：quoted in Kevin Brownlow, *The War, the West and the Wilderness*, p. 148.

204 「以過去的任何……」：*Modern Painting and the Northern Romantic Tradition* (Thames & Hudson, 1978), p. 13.

208 「體無完膚、連根拔起、生吞活剝……」：Peter Vansittart (ed.), *Letters from the Front* (Constable, 1984), p. 217.

209 「事實上，我們……」：p. 150.

209 「沒了地標的平原」：*War Diary*, in Jon Glover and Jon Silkin (eds.), *The Penguin Book of First World War Prose*, p. 150.

209 「看不出哪一堆瓦礫……」：*The Challenge of the Dead*, p. 256.

209 「在下一場……」：*In Flanders Fields*, p. 296.

209 「在戰爭的最後階段……」：*Haig's Command*, p. 46.

210 凡爾登地區消失的村落：對凡爾登地形與歷史遺跡的追憶，見 *Alistair Horne, The Price of Glory: Verdun 1916*一書中的最後兩個部分 Aftermath與Epilogue。

210 「遺跡價值理論」：*Inside the Third Reich* (Sphere, 1971), pp. 97–8.

211 「專門小組……」：*The Rebel* (Penguin, Harmondsworth, 1971), p. 154.

211 「一塊海綿……」：Jean Rouaud, *Fields of Glory*, p. 133.

212 「我看著和平的……」：diary entry for 7 October, quoted in Trevor Wilson, *The Myriad Faces of War*, p. 751.

212 「我們不是真的……」：John Grout, quoted in Ronald Blythe, *Akenfield* (Penguin, Harmondsworth, 1972), p. 62.

212 「只呈現出極小的……」：Denis Winter, *Death's Men*, p. 255.

213 「納粹對猶太人的所作所為……」等字句：'Messages in a Bottle', *New Left Review* (no. 200, July/August 1993), p. 6.

215 「……沒死透……」：p. 18.

215 「一旦壕溝……」：*The Old Frontline* (Heinemann, 1917), p. 11.

216 「一切的樣子都變了……」：*Journey to the Western Front, Twenty Years After* (G. Bell & Son, 1936), p. 1.

216 「大自然……」：Paul Berry and Alan Bishop (eds.), *Testament of a Generation: The Journalism of Vera Brittain and Winifred Holtby* (Virago,

1985), p. 210.

216 「在伊珀爾和凡爾登……」：Archibald MacLeish (ed.), *The Complete Poems* (Harcourt Brace Jovanovich, New York, 1970), p. 136.

217 「西部戰線的農民……」：*The English Patient* (Bloomsbury, 1992), p. 123.

217 「大地都會爆發……」：'A Calvary on the Somme', *Selected Poems* (Bloodaxe, Newcastle, 1991), p. 135.

219 「屍體、老鼠、舊鋼盔……」：Peter Vansittart (ed.), *Letters from the Front* (Constable, 1984), p. 263.

220 「從那一刻開始……」：quoted in Martin Middlebrook, *The First Day on the Somme*, p. 316.

221 「這些顯然相當狂亂……」：*The Middle Parts of Fortune*, p. 205.

222 「這是個人們無能為力……」：a revised version of this lecture was published as 'Ev'ry Time we Say Goodbye' in *Keeping a Rendezvous*, Granta 1992.

226 「人們身上值得讚揚的……」：*The Plague* (Penguin, Harmondsworth, 1948), p. 251.

推薦書目

正文中提及的書,若與戰爭或本書主題沒有實際關聯,則此處不會列入;碰巧收錄有單一首與戰爭有關的詩的詩集亦然。書名的細節提供在注釋中。書籍出版地都是倫敦,除非另外說明。

小說、回憶錄與詩

Aldington, Richard, *Death of a Hero*, Hogarth, 1984.

Barbusse, Henri, *Under Fire*, trans. W. Fitzwater Wray, Dent, 1988.

Barker, Pat, *Regeneration*, Viking, 1991.

Barker, Pat, *The Eye in the Door*, Viking, 1993.

Blunden, Edmund, *Undertones of War*, Penguin, Harmondsworth, 1982.

Chapman, Guy, *A Passionate Prodigality*, Buchan & Enright, Southampton, 1985.

Faulks, Sebastian, *Birdsong*, Hutchinson, 1993.

Findley, Timothy, *The Wars*, Penguin, Harmondsworth, 1978.

Fitzgerald, F. Scott, *Tender is the Night*, Penguin, Harmondsworth, 1955.

Graham, Stephen, *The Challenge of the Dead*, Cassell, 1921.

Graves, Robert, *Goodbye to All That*, Penguin, Harmondsworth, 1960.

Gurney, Ivor, *Collected Poems*, ed. P. J. Kavanagh, Oxford University Press, Oxford, 1982.

Gurney, Ivor, *War Letters*, ed. R. K. R. Thornton, Hogarth, 1984.

Hemingway, Ernest, *A Farewell to Arms*, Penguin, Harmondsworth, 1935.

Hill, Susan, *Strange Meeting*, Penguin, Harmondsworth, 1989.

Hiscock, Eric, *The Bells of Hell Go Ting-a-ling-a-ling*, Arlington Books, 1976.

Isherwood, Christopher, *Lions and Shadows*, Hogarth, 1938.

Jones, David, *In Parenthesis*, Faber, 1987.

Manning, Frederic, *The Middle Parts of Fortune* (also known as *Her Privates We*), Buchan & Enright, Southampton, 1986.

Owen, Wilfred, *Collected Poems*, edited with an introduction and notes by C. Day Lewis and a Memoir by Edmund Blunden, Chatto & Windus, 1963.

Owen, Wilfred, *Collected Letters*, edited by Harold Owen and John Bell, Oxford University Press, Oxford, 1967.

Owen, Wilfred, *The Complete Poems and Fragments*, 2 vols., edited by Jon Stallworthy, Oxford University Press, Oxford, 1983.

Remarque, Erich Maria, *All Quiet on the Western Front*, trans. A. W. Wheen, Picador, 1987.

Rosenberg, Isaac, *Collected Works*, Chatto & Windus, 1984.

Rouaud, Jean, *Fields of Glory*, trans. Ralph Manheim, Collins Harvill, 1992.

Sassoon, Siegfried, *Siegfried's Journey 1916–1920*, Faber, 1945.

Sassoon, Siegfried, *Collected Poems 1908–1956*, Faber, 1961.

Sassoon, Siegfried, *The Complete Memoirs of George Sherston*, Faber, 1972.

Sassoon, Siegfried, *Diaries 1915–1918*, ed. Rupert Hart-Davis, Faber, 1983.

Toynbee, Philip, *Friends Apart*, MacGibbon & Kee, 1954.

歷史與文化研究

Anderson, Benedict, *Imagined Communities*, Verso, 1983.

Babington, Anthony, *For the Sake of Example*, Leo Cooper/Secker & Warburg, 1983.

Bergonzi, Bernard, *Heroes' Twilight*, Constable, 1965.

Bond, Brian (ed.), *The First World War and British Military History*, Oxford University Press, Oxford, 1991.

Boorman, Derek, *At the Going Down of the Sun: British First World War Memorials*, Sessions, York, 1988.

Borg, Alan, *War Memorials*, Leo Cooper, 1991.

Brownlow, Kevin, *The War, the West and the Wilderness*, Secker & Warburg, 1979.

Bushaway, Bob, 'Name upon Name: The Great War and Remembrance', in Roy Porter (ed.), *Myths of the English*, Polity, Cambridge, 1992.

Cannadine, David, 'Death, Grief and Mourning in Modern Britain', in Joachim Whalley (ed.), *Mirrors of Mortality*, Europa, 1984.

Capa, Robert, *Photographs*, edited by Richard Whelan and Cornell Capa, Faber, 1985.

Carmichael, Jane, *First World War Photographers*, Routledge, 1989.

Clark, Alan, *The Donkeys*, Pimlico, 1991.

Compton, Ann (ed.), *Charles Sargeant Jagger: War and Peace Sculpture*, Imperial War Museum, 1985.

Coombs, Rose E. B., *Before Endeavours Fade*, After the Battle Publications, 1976.

Eksteins, Modris, *Rites of Spring*, Bantam, 1989.

Elsen, Albert E., *Modern European Sculpture 1918–1945: Unknown Beings and Other Realities*, Braziller, New York, 1979.

Ferro, Marc, *The Great War*, Routledge, 1973.

Foot, M. R. D., *Art and War*, Headline, 1990.

Fussell, Paul, *The Great War and Modern Memory*, Oxford University Press, Oxford, 1975.

Fussell, Paul, *Thank God for the Atom Bomb and Other Essays*, Ballantine, New York, 1990.

Garrett, Richard, *The Final Betrayal*, Buchan & Enright, Southampton, 1989.

Harries, Meirion and Susie, *War Artists*, Michael Joseph, 1983.

Hibberd, Dominic, *Wilfred Owen: The Last Year*, Constable, 1992.

Horne, Alistair, *The Price of Glory: Verdun 1916*, Penguin, Harmondsworth, 1964.

Hurd, Michael, *The Ordeal of Ivor Gurney*, Oxford University Press, Oxford, 1978.

Hynes, Samuel, *A War Imagined: The First World War and English Culture*, Bodley Head, 1990.

Hynes, Samuel, *The Auden Generation*, Pimlico, 1992.

Keegan, John, *The Face of Battle*, Cape, 1976.

Kern, Stephen, *The Culture of Time and Space 1880–1918*, Harvard University

Press, Cambridge, 1983.

Larkin, Philip, *Required Writing*, Faber, 1983.

Leed, Eric J., *No Man's Land: Combat and Identity in World War 1*, Cambridge University Press, Cambridge, 1979.

Liddell Hart, B. H., *History of the First World War*, Cassell, 1970.

Longworth, Philip, *The Unending Vigil*, Constable, 1967.

Macdonald, Lyn, *They Called It Passchendaele*, Michael Joseph, 1978.

Macdonald, Lyn, *The Roses of No Man's Land*, Michael Joseph, 1980.

Macdonald, Lyn, *Somme*, Michael Joseph, 1983.

Macdonald, Lyn, *1914*, Michael Joseph, 1987.

Middlebrook, Martin, *The First Day on the Somme*, Penguin, Harmondsworth, 1984.

Middlebrook, Martin and Mary, *The Somme Battlefields*, Viking, 1991.

Moeller, Susan, *Shooting War*, Basic Books, New York, 1990.

Mosse, George, *Fallen Soldiers: Reshaping the Memory of the World Wars*, Oxford University Press, Oxford, 1990.

Orwell, George, *The Collected Essays, Journalism and Letters*, Volume 1, Penguin, Harmondsworth, 1970.

Parker, Peter, *The Old Lie: The Great War and the Public School Ethos*, Constable, 1987.

Pick, Daniel, *War Machine: The Rationalisation of Slaughter in the Modern Age*, Yale University Press, New Haven, 1993.

Putkowski, Julian, and Sykes, Julian, *Shot at Dawn*, revised edn, Leo Cooper,

1992.

Robbins, Keith, *The First World War*, Oxford University Press, Oxford, 1984.

Scarry, Elaine, *The Body in Pain*, Oxford University Press, Oxford, 1985.

Silkin, Jon, *Out of Battle*, 2nd edn, Ark, 1987.

Stallworthy, Jon, *Wilfred Owen*, Oxford University Press, Oxford, 1974.

Symons, Julian (ed.), *The Essential Wyndham Lewis*, André Deutsch, 1989.

Taylor, A. J. P., *The First World War*, Penguin, Harmondsworth, 1966.

Terraine, John, *The First World War 1914–18*, Macmillan, 1984.

Viney, Nigel, *Images of Wartime*, David & Charles, Newton Abbot, 1991.

Virilio, Paul, *War and Cinema*, trans. Patrick Camiller, Verso, 1989.

Warner, Philip, *Field Marshal Earl Haig*, Bodley Head, 1991.

Whelan, Richard, *Robert Capa: A Biography*, Faber, 1985.

Williamson, Henry, *Wet Flanders Plain*, Gliddon, Norwich, 1989.

Wilson, Trevor, *The Myriad Faces of War*, Polity, Cambridge, 1986.

Winter, Denis, *Death's Men*, Penguin, Harmondsworth, 1979.

Winter, Denis, *Haig's Command*, Viking, 1991.

Wolff, Leon, *In Flanders Fields*, Penguin, Harmondsworth, 1979.

Young, James E., *The Texture of Memory: Holocaust Memorials and Meaning*, Yale University Press, New Haven, 1993.

文集

Fussell, Paul, *The Bloody Game*, Scribners, 1991.

Gardner, Brian, *Up the Line to Death*, revised edn, Methuen, 1976.

Glover, Jon, and Silkin, Jon, *The Penguin Book of First World War Prose*, Penguin, Harmondsworth, 1989.

Macdonald, Lyn, *1914–1918: Voices and Images from the Great War*, Michael Joseph, 1988.

Silkin, Jon, *The Penguin Book of First World War Poetry*, 2nd edn, Penguin, Harmondsworth, 1981.

Stallworthy, Jon, *The Oxford Book of War Poetry*, Oxford University Press, Oxford, 1988.

Vansittart, Peter, *Voices from the Great War*, Cape, 1981.

新增書目

自一九九四年《消失在索穆河的士兵》面世之後，對第一次世界大戰的關注也捲土重來。此後出版的書裡，我只讀了一小部分，但仍然推薦下列著作。

Arthur, Max (ed.), *Forgotten Voices of the Great War*, Ebury Press, London 2002.

Bourke, Joanna, *Dismembering the Male: Men's Bodies, Britain and the Great War*, Reaktion, London, 1996.

Chevalier, Gabriel, *Fear*, Serpent's Tail, London, 2011 (first published in French in 1930).

Clark, Christopher, *The Sleepwalkers: How Europe went to War in 1914*, Harper, New York, 2013.

Davis, Wade, *Into the Silence: The Great War, Mallory and the Conquest of*

Everest, Bodley Head, London, 2011.

Englund, Peter, *The Beauty and the Sorrow: An Intimate History of the First World War*, Profile, London, 2011.

Fergusson, Niall, *The Pity of War*, Allen Lane, London, 1998.

Hastings, Max, *Catastrophe: Europe Goes to War*, Knopf, New York, 2013.

Hochschild, Adam, *To End All Wars: How the First World War Divided Britain*, Macmillan, London, 2011.

Illies, Florian, *1913:The Year Before the Storm*, Profile, London, 2013 Keegan, John, *The First World War*, Hutchinson, London, 1998.

Stamp, Gavin, *The Memorial to the Missing of the Somme*, Profile, London, 2006.

Stevenson, David, *1914-1918: The History of the First World War*, Allen Lane, London, 2004.

Stone, Norman, *WW1: A Short History*, Allen Lane, London, 2007.

Winter, Jay, *Sites of Memory, Sites of Mourning: The Great War in European Cultural History*, Cambridge University Press, Cambridge, 1995.

致謝

　　我想謝謝我的朋友保羅・博納文杜拉（Paul Bonaventura）、克里斯・米契爾（Chris Mitchel）和馬克・黑賀斯特（Mark Hayhurst），他們讀了初稿，給了很多中肯的建議。（我還特別欠了馬克人情，多虧他反應神速，我們才沒有在法蘭德斯時死於非命——這得怪保羅糟糕的駕駛。）

　　我特別感謝《君子雜誌》（*Esquire*）、《獨立報》（*Independent*）、《觀察家報》（*Observer*）以及《新政治家與社會》（*New Statesman & Society*），提供版面讓我嘗試書中某些段落的草擬版本；還要謝謝派屈克・厄立（Patrick Early），讓我有機會以威爾弗雷德・歐文為題來演講（特別是在貝爾格勒）——以及感謝大衛・普恩特（David Punter）對該場演講相當有幫助的回應。

　　也謝謝巴黎的伊安・華生（Ian Watson）的鼓勵與帶來靈感的建議，傑瑞米・楊（Jemery Young）的照片，珍・普（Jane Pugh）出借的相冊，還有珊卓拉・哈迪（Xandra

Hardie）、查爾斯・德拉欽（Charles Drazin）以及亞歷珊卓拉・普林格（Alexandra Pringle）。

凱・布倫德爾基金會（Kay Blundell Trust）的贊助，讓我能完成手稿。

我不斷地得益於約翰・伯格（John Berger），多到筆墨不足以形容。

國家圖書館出版品預行編目資料

消失在索穆河的士兵／傑夫．代爾 (Geoff Dyer) 著；馮奕達譯.
-- 初版. -- 臺北市：麥田, 城邦文化出版：家庭傳媒城邦
分公司發行, 2014.07
　　面；　公分. -- (麥田人文；150)
　譯自：The missing of the Somme

　　ISBN 978-986-344-131-1（平裝）
1.第一次世界大戰　2.報導文學

740.272　　　　　　　　　　　　　　　　103011758

麥田人文 150

消失在索穆河的士兵

作　　　者／傑夫‧代爾（Geoff Dyer）
譯　　　者／馮奕達
責 任 編 輯／葉品岑

副 總 編 輯／林秀梅
編 輯 總 監／劉麗真
總 經 　 理／陳逸瑛
發 行 　 人／涂玉雲
出　　　版／麥田出版
　　　　　　城邦文化事業股份有限公司
　　　　　　台北市 100 台北市中山區民生東路二段 141 號 5 樓
　　　　　　電話：(02) 25007696　傳真：(02) 25001966
　　　　　　部落格：http://blog.pixnet.net/ryefield
發　　　行／英屬蓋曼群島商家庭傳媒股份有限公司城邦分公司
　　　　　　台北市民生東路二段 141 號 11 樓
　　　　　　書虫客服服務專線：02-25007718、02-25007719
　　　　　　24 小時傳真服務：02-25001990、02-25001991
　　　　　　服務時間：週一至週五 09:30-12:00、13:30-17:00
　　　　　　郵撥帳號：19863813　戶名：書虫股份有限公司
　　　　　　讀者服務信箱 E-mail：service@readingclub.com.tw
　　　　　　歡迎光臨城邦讀書花園　網址：www.cite.com.tw
香港發行所／城邦（香港）出版集團有限公司
　　　　　　香港灣仔駱克道 193 號東超商業中心 1 樓
　　　　　　電話：(852) 25086231　傳真：(852) 25789337
　　　　　　E-mail：hkcite@biznetvigator.com
馬新發行所／城邦（馬新）出版集團【Cite(M)Sdn. Bhd】
　　　　　　41, Jalan Radin Anum, Bandar Baru Sri Petaling,
　　　　　　57000 Kuala Lumpur, Malaysia.
　　　　　　電話：(603) 90578822　傳真：(603) 90576622
　　　　　　E-Mail: cite@cite.com.my

封 面 設 計／莊謹銘
印　　　刷／漾格科技股份有限公司

■2014 年（民 103）7 月　初版一刷　　　　　　　　　Printed in Taiwan.

定價：320 元
ISBN：978-986-344-131-1

讀者回函卡

cite 城邦媒體

姓名：_____ 聯絡電話：_____

聯絡地址：□□□□□_____

電子信箱：_____

身分證字號：_____（此即您的讀者編號）

生日：____年____月____日　性別：□男　□女　□其他_____

職業：□軍警　□公教　□學生　□傳播業　□製造業　□金融業　□資訊業　□銷售業
　　　□其他_____

教育程度：□碩士及以上　□大學　□專科　□高中　□國中及以下

購買方式：□書店　□郵購　□其他_____

喜歡閱讀的種類：（可複選）

□文學　□商業　□軍事　□歷史　□旅遊　□藝術　□科學　□推理　□傳記　□生活、勵志
□教育、心理　□其他_____

您從何處得知本書的消息？（可複選）

□書店　□報章雜誌　□網路　□廣播　□電視　□書訊　□親友　□其他_____

本書優點：（可複選）

□內容符合期待　□文筆流暢　□具實用性　□版面、圖片、字體安排適當
□其他_____

本書缺點：（可複選）

□內容不符合期待　□文筆欠佳　□內容保守　□版面、圖片、字體安排不易閱讀　□價格偏高
□其他_____

您對我們的建議：_____
_____